流逝，年輕的我覺得感傷，甚至心慌，總是自責自己蹉跎了時間，一事無成，充滿了罪疚與不安。

而不知從哪一年開始，秋天來臨的時候，我不再如此責備自己，只覺得能平安度過每一天就值得感謝，無事就是好事。歲月與我之間達成了和解，我不再習慣性地自我為難，我終於願意放過自己。

秋天就是一個要讓自己舒服的季節，適合穿著寬鬆的布衣，好好喝茶，看著落葉飄下。落葉不會再墜入自己的心湖，泛起難以止息的漣漪。落葉就是落葉，飄過就是飄過了。

人生都已經過去一半，難道還要繼續為難自己嗎？

不必討人喜歡，但一定要討自己喜歡。時間不多了，餘生的每一天都要善待自己、和諧世界，做一個喜悅並充滿能量的人。

青春不再，但我得到智慧，怎麼說都是一筆值得的交易。比起從前的我，我更喜歡現在的自己。

親愛的，希望你也是，也希望你能從這本小書裡看見現在的自己，得到前行的力量。

CONTENTS

輯一 ✿ 不必相守

輯二 ✿ 不必擁有

輯三 ✿ 不必將就

輯四 ✿ 不必擔憂

終於來到不必討人喜歡的時候

彭樹君——著

序

終於來到不必討人喜歡的時候

某個深夜，某位多年好友忽然傳來訊息：「想到人生已經過去一半，非常驚駭。」

朋友與我同年，相識的時間占據了彼此人生的三分之二，我們見過對方的春天與夏天，現在也一起來到人生的秋天。秋天般的人生已經不再飛揚，但也漸漸遠離了浮躁，我覺得這樣很好，所以對於友人的感慨，我並沒有同樣的驚駭，甚至還覺得慶幸，還好人生已經一半過去了。畢竟我從來不眷戀年輕，也很少懷念過去，如果走過的路還得再重來一遍，才會讓我覺得驚駭。

人們常常有一種錯覺，總覺得青春最好，過去也總比現在好，其實未必。人生的每一個階段都是學習了解自己的過程，然而年少的時候往往不知怎麼面對自己，所以特別辛苦。當我回首來時路，無論路上看見的是什麼風景，當時的心境大半的時候都是起伏的，而我一點也不想再回到那樣的從前。

在我還未真正了解人生之前，常常感覺到的情緒是不安，總覺得自己有如一池湖水，表面看似靜定，但只要一片落葉就能勾動滿池漣漪，別人的輕輕一碰，就會讓我內心驚慌失措。那個輕輕一碰，可能是一句話，可能是一個眼神。總之，要讓我不安十分容易。雖然別人看不出來，但我自己知道。

不安來自於缺乏自信，就算那時看似順遂無事，然而內心卻並非如此，常常波瀾起伏，總是需要收集外界的肯定，卻又常常用矜持來掩飾自己的在意。缺乏自信的人往往特別期待有人來愛自己，也深怕別人不愛自己，因此總是努力要裝出最好的樣子來討人喜歡，希望自己是被愛的。

但什麼是最好的樣子？那時的我根本不明白。

因為沒有真正的自信，年少時的我並不真正喜歡自己，卻希望每一個人都喜歡我，但那怎麼可能呢？而我自己無法喜歡每個人，又為什麼希望每個人都喜歡我呢？

那時的我也總是擔心自己在人前出錯，所以凡事小心翼翼，但我後來才明白，事實上，根·本·沒·有·人·在·看·你，每個人看的都是自己。

回想起來，年輕的我很像是一幅假想的畫，總是扶著不存在的畫框，希望呈現給別人的是想像中自己美好的樣子。然而畫框好沉重，我覺得好無聊，也明白那是自己給自己的壓力，畫中的自己卻還要保持微笑，希望討人喜歡。

那麼是從什麼時候開始放下那個想像中的畫框呢？也許就是時間累積而來的漸悟吧。

漸漸明白喜歡自己遠比別人喜不喜歡你更重要。

漸漸懂得放過自己，懂得放鬆與放下，人生才漸漸舒服了起來。

漸漸不再理會外在變化，漸漸專注於內心世界，也就漸漸活成自己想要的樣子。

我們總是太溫良恭儉讓、太會為人著想，有時甚至到了自我委屈的地步，而那個溫良恭儉讓是不是有討好外界的成分？是不是只為了讓別人不要討厭自己？但善良過度就成了容忍別人的不善良，所以也漸漸了解，該說的話就要說，不想要的就該坦率拒絕。若是為了討人喜歡而壓抑自己，自己終有一天會討厭自己的。

總是想要討人喜歡來自於內在對自己的不安，但「別人」是個虛幻的集合名詞，既然虛幻，那就根本不重要啊！別人的看法、眼光，那是別人的事情，並不會增加自我內在的安全感，也不會帶來自我生命的昇華。

揣測別人怎麼看你怎麼想你，終究都是無效的自問自答，不過是自我為難罷了。

然而，若是不喜歡自己，一切都會窒礙難行，畢竟時時刻刻都帶著自己同行。

終於來到不必討人喜歡的時候。這是歲月累積而來的叛逆，是流逝的光陰把我帶到了這裡，可以放下別人，可以放過自己。僅僅是為了這樣一個心境上的自由，我就不會眷戀過去。

✿

另一個深夜，另一位認識多年的好友傳來訊息：「多美好的人生，我們如此幸運可以隨心所欲。」

這句話讓我想了很久，真的嗎？我已經可以隨心所欲了嗎？

如果隨心所欲是「想要什麼就有什麼」，那麼還不行，我最想要的那件事還沒有發生，我夢中的那幢房子也還沒有出現。但如果隨心所欲是「不想要什麼就可以不要什麼」，那麼也許已經很接近了，畢竟這些年來我一直在做的就是斷捨離所有不要的。

不要複雜的人際關係，不要受制於一段感情，不要做不想做的工作，不要說違背心意的話語，不要為了任何人而自我委屈，不要生活裡有惱人的人事物，也不要再為了討人喜歡而隱藏真實的自己。

不想要的都可以不要了，也都丟掉了，所以也就可以自由自在了。

自由自在或許不等於隨心所欲，但這是一個讓自己最舒服的狀態。自由自在意謂著不害怕失去，想想也沒什麼好失去，如果今天就是生命中的最後一天，我也可以安然接受。

最好的樣子就是全然接納自己的自己，這是經過了半個人生所總結的心得。

如今的我不再是輕輕一碰就會漣漪不斷的湖水，而是一道河流，遇到任何彎道都能流過，隨遇而安，靜水流深。

這本書裡大部分的文章來自於我在「50+ FiftyPlus」的專欄，我想要分享一個單身女子的中年心境，書寫關於生活、情感、經濟與思想各方面的獨立。

經濟獨立是現代女性獨立的基礎，因為經濟獨立了，才有生活與情感的獨立，才能倚靠自己的臂膀前行，而思想獨立會帶著我們走向無限的遠方。

獨立意味著喜歡自己、相信自己，知道自己的能量，明白自己獨一無二的價值，也明白自己的底線與界限。不需要別人來肯定什麼，也不接受別人的越界。這些獨立來自歲月的累積，而在種種獨立的過程裡，會更加確立自己的存在，能量與智慧會不斷疊加，過去曾有的一些問題也就迎刃而解，於是曾經帶給你的那些煩惱困頓都將日漸消失，因為在這段時間裡得到的成長，自然會讓你知道該怎麼做。

有了各方面的獨立，就不懼怕任何改變，然後才能擁有美好的自由。

終於來到人生的秋天。

秋天曾經是我最害怕的季節，以前每到秋天我就覺得悵惘。意識到時間的

輯一

不必相守

你對愛情還有期待嗎？

對自己的愛就是生命裡的陽光、空氣、水。別人不過都是雲煙。

青春愈遠，戀愛愈難，不是難在機會愈來愈少，而是難在愈來愈不容易動心。

年少的時候對每一個可能的對象都會心存幻想，然而隨著人生經驗愈來愈豐富，這種幻想也就愈來愈稀薄。過去像是戴著濾鏡在看別人，現在是實實際際地看到對方，但愛情需要幻想啊，當沒有幻想的時候，也就沒有憧憬，遇到誰都是心如止水。

不再憧憬別人，也是因為自己的生活已趨於全然的穩定，所以不會再期待有人來擾動其中的秩序；想到戀愛中的那些磨合與患得患失，真心覺得累，同時也感到迷惑，戀愛那麼消耗能量，以前為什麼會樂此不疲呢？

我曾經為了愛情做了許多自我委屈的傻事，經歷了許多錯誤，也受了許多苦楚，如今回想起來只有深深嘆息。

如果時光倒流，我很願意回到過去，搖晃當年那個我的肩膀大喊：不要這樣！很多年後妳就會明白這一切有多麼不值得，到時妳會痛徹心扉！但是就算真的可以回到過去，那時的我也會對自己的警告置若罔聞吧。

時間是一個神秘現象，許多問題都是時間的問題。像街邊的路燈，時間到了就開了，時間到了就關了，其中總有一個必經的過程，在TURN ON的時候根本身不由己，直到TURN OFF才能解脫。愛情尤其如此，身在其中時執迷不悟，總是要到一切都結束才慢慢甦醒，然後要再過一段更長的時間之後才會完全清醒過來，然後納悶不解當時自己究竟為何如此鬼迷心竅？

真的，究竟是怎麼回事？我們都知道應該和讓我們笑的人在一起，為什麼卻總是愛上讓我們哭的人？或者，一開始讓我們笑的人，為什麼後來卻總是讓我們哭？

如今已經明白，其實所有的情感關係都是業力關係，或者你要說業障也可以。它們常常是以禮物的包裝形式來臨，總是要到深陷其中不可自拔的時候，才明白美麗的盒子裡裝的其實是苦果，而你只有放下和吞下兩種選擇。

說穿了，所謂愛情，就是兩人在前世已經見過了，也累積了一些恩怨情仇，所以今生再遇，有恩報恩，有仇報仇。我們總是說不清楚為什麼會受到某人吸引，也想不清楚這一切是怎麼開始的，只好解釋為緣分，而緣分的基底正是業力。

若是從占星學來看，土星是星盤上最沉重的能量，土星的相位往往決定了兩個人牽連在一起的理由，而土星也正是業力之星。這也就難怪為什麼情感關係裡總是充滿了那麼多的痛苦與煎熬。

當然也有快樂與陶醉，否則感情一開始就不會發生，後來也不會糾結繼續。可是人生到了某個階段之後，已經不想再過那種忽冷忽熱、若即若離、山峰山谷的日子了，現在只想要平原的狀態，讓寧靜平緩的深河靜靜地流過就好。

我不曾懷念任何一段感情，因為每次結束之後都覺得自己是倖存者，離開了就不會想再回去。也因為在離開之前已經千迴百轉，所以當最後的時刻來臨，終於從迷霧中清醒，業力結束，那就是永遠的告別。

我不曾藕斷絲連，也不曾去搜尋對方的近況，甚至連回憶也丟棄。一旦轉身，就是徹底放下，那個人對我來說就是完完全全的陌生人。或許這是一種反作用力，過去曾經如何深陷其中，後來就能如何一去不回頭。

很久以前，我相信愛可以克服一切，後來慢慢就明白，先愛自己吧，永遠不要把任何人放在自己之前。對自己的愛就是生命裡的陽光、空氣、水。別人不過都是雲煙。

為了愛情而心神不寧、茶飯不思，已是上輩子的前塵往事了。歲月讓我學會善待自己，再也不會自我為難。

也有一些朋友在年輕的時候覺得一個人的日子沒什麼不好，然而到了人生的秋天，卻特別渴望有人陪伴，這樣冬天來臨的時候才能相互取暖。

但是那個可以給你溫暖的人，不一定要來自愛情對象，只要是真心相待的好朋友，都能彼此陪伴。

家人、朋友才是更長遠的關係，而和自己的關係又在這一切關係之上。如果自己就能好好陪伴自己，又何必需要別人的陪伴呢？

愛情有強烈的投射作用，那很可能是一種潛意識中的互補，你補我的缺，我補你的缺，形成一個虛幻的圓，但是誰能真正去補誰的缺呢？當一個人一切都完整的時候，還需要有人來補這個缺嗎？

我們不可能透過別人來創造內在的完整，所以與其期待別人，寧願先把自己的日子過好，做一個內心強大的人。

我曾經覺得愛情是兩個人聯手起來去抵禦世界末日與冷酷異境，所以需要一個相互依偎前行的同伴，但我後來發現，原來世界末日與冷酷異境就是對方給的啊。當放下對方轉身走開的時候，一切的荒蕪與酷寒也就消失了。

未來如何不知道，至於現在，我只想把全部的能量用來安頓自己，創造一個人的玫瑰園。除此之外，別無他想。

年少的時候，對愛情的追求是一個自我尋找的過程，來到現在，自我已經完整了，愛情也就可有可無了。如果相處的時候只有喜悅，那麼可有；若是會帶來任何痛苦，又何必自尋煩惱呢？到了人生的秋天，凡是會讓自己不舒服的都不要了，當然也包括不舒服的親密關係。

在我的寫作道路上，女性自覺一直是我所關注的主題，從來都不是愛情，因為我覺得真正重要的是找到自己，而不是遇到別人。我們不過是透過愛情的成住壞空而認識了自己的存在。

我曾經寫過這樣一段話：「有一種心境需要時間，有一種明白需要歲月。誰都希望被愛，但一個人也可以好好的，卻是更重要的。」

真的，當不再等待別人也不再期待永遠，才會有千金難買的自在。而一個人海闊天空的自由，就是從這樣的「不再」開始的。

如果你的伴侶說，他想要一個人生活

每個人的內心深處總有一個角落是別人無法進入的，那個部分除了獨自去面對，別無他法。

近來不只一次在朋友群中聽說類似的事件，都是結婚多年以後，一方忽然要求離去，讓另一方震驚不已。

離去不一定是離婚，也可能只是分居，總之是離開兩人共同的家，一個人生活。

發生什麼事了？為什麼會有這樣的變化？

是因為外力入侵嗎？不，沒有外遇的跡象。

還是因為財務發生問題呢？也不是，家中經濟一切如常。

或是因為健康出了什麼狀況？這倒是有些接近，求去的一方通常會坦言自己愈來愈不快樂，再這樣下去可能會有憂鬱症，因此想要改變現狀，回到單身狀態。

「為何會這樣？我到底做錯了什麼？」被告知的一方一時之間總是難以接受，除了震驚，還有滿滿的傷心與不解，甚至憤怒和難堪。

多年伴侶忽然求去，這當然是個意外的打擊，很難不令人對自我產生懷疑。自己是有什麼問題，讓對方不想再和自己在一起？或者這只是一個藉口，對方其實是想回到自由之身去發展別的感情？無論是哪一個答案，都會讓人瞬間失去自信。

但伴侶求去的原因很可能與任何人都無關，只是強烈地想要獨處罷了。

兩人因熱戀而結縭的時候總是年輕，那時也總是以為可以和對方牽手一生一世，然而隨著歲月流逝，許多感覺與想法已漸漸和以前不一樣了。尤其到了人生的某個階段，總會重新安排內在秩序，過去可能是把親密關係放在很重要的位置，現在卻更渴望回到單獨的自己。

但也有人覺得一切安逸如常，未曾想過有什麼需要改變，所以當伴侶提出想要一個人生活的要求時，不免會覺得是青天霹靂。

人本來就是單獨的個體，要在婚姻關係裡達到和諧一致真的太難了，太多時候總是充滿各種內在心理與外在現實的衝突，兩個本來就不同的人在保持自我與維持親密關係之間必然有各種考驗，兩邊要達到平衡並不是一件容易的事。

但我也見過平衡得很好的例子。

某對朋友自從結婚以後就沒住在一起過，因為他們一開始即不打算為了婚姻而改變自己原來的狀態。女方住在臺北，男方住在高雄，平日各過各的，只有假日才會相聚。

另一對朋友也是結婚後依然各自住在原先的房子裡，假日也不一定相聚。但兩人每隔一段時間就會一起旅行，去看很美的風景，去住很好的旅館，去尋訪各地美食，讓兩人都開心。

這兩對朋友的婚姻生活都很另類，少了朝夕相處的摩擦，多了聚少離多的彼此珍惜。他們平日各自專注在自己的工作與創作之上，相處的時候則專注在對方身上；也因為彼此的相聚不是在假日裡就是在旅途中，總是能把最好的時光留給對方，所以結婚多年後仍然可以維持情感的熱度。當對方面臨困難的時候，也會毫不保留地給予扶持。

這兩對朋友都是第二次婚姻，也都過了生兒育女的年紀，因此沒有要不要孩子的煩惱。而且彼此都足夠獨立，所以也不會有不放心對方的問題。

這樣的情感品質是很成熟的，既能保有完整的獨處，又能享受美好的兩人時光。既有情感歸屬，又有不彼此牽絆的生活自由，誰也無須為誰捨棄自我。前提是，雙方都擁有完整屬於自己的時間與空間，也都能支持對方做自己。

婚姻不一定要走傳統路線，只要是彼此都覺得舒服自在的狀態，就是適合兩人的相處模式。

人需要愛的關係，但也需要安靜地和自己在一起。而有些時候，對於後者的需求往往比對於前者更殷切。也只有可以好好與自己相處的人，才懂得如何與他人好好相處，當這個「他人」是自己的伴侶時，更是如此。

每個人的內心深處總有一個角落是別人無法進入的，那個部分除了獨自去面對，別無他法。尤其到了一定的年紀，生命視野會從外在世界轉向內在世界，會想要更深入自己的心靈，對於獨處的需求也就更為強烈。

所以，當你的伴侶想要一個人生活的時候，只要這其中沒有感情的背叛，其實也就沒有是非對錯。

但婚姻畢竟是經過承諾的，當一方想要離去，另一方卻不願分開，這其中拉鋸的過程必然會帶來撕裂與疼痛。然而當時間過去，也必然會有另一番柳暗花明的體會。

我的朋友L在她的丈夫提出這樣的要求時，一開始簡直痛不欲生，想說兩人共同打拚了那麼多年，現在好不容易可以一起好好享受人生，對方卻表明接下來的日子要自己一個人過，太傷人了！

但是在她不得不接受並且試著調整自己之後，卻漸漸發現愈來愈喜歡自己一個人的新生活。她去上了一些過去一直沒有時間上的課，學會了製作精油與壓花，也知道如何在咖啡裡拉花，還會給自己染布做衣服，她甚至去登了幾座百岳，種種新學習與新事物讓她在其中發現一個新的自己，而她好愛這樣的自己。

於是她這才明白，當願意接受伴侶獨處的自由，同時也就得到了重新做自己的自由。

未來的事很難說，也許離去的人只是暫時離去，過了一段時間還會回來；也可能一去不返，兩人從此分道揚鑣。但無論如何，不管身旁有人沒人，未來如何變化，都該把自己一個人的日子過好，畢竟能永遠陪伴自己的那個人不是別人，而是自己。

取悅自己是必要的

要常常給自己一些甜蜜，平衡那些小小但確實存在的艱辛。

忘了是從哪一年開始，每年生日我都會請一天假來犒賞自己。手邊不管有再多的事都放下，一個人去吃華麗的大餐，一個人去看一場電影，一個人去享受芳療，一個人去走一段幽靜的山徑，一個人去做任何會讓自己覺得快樂的事情，並且買一份生日禮物送給自己。

在年紀又長一歲的第一天如此自我寵愛，這樣的儀式感讓我覺得自己很珍貴，也讓我的每一個生日都是美好的開始，能夠充滿能量與勇氣去面對接下來的日子。

平常的生活裡，我也會常常安排一些小旅行，或是去漂亮的餐廳喝下午茶，用不同的方法來讓自己開心。

生命總是充滿了波折起伏，有一些難關需要面對，有一些狀況需要處理。

所以要常常給自己一些甜蜜，平衡那些小小但確實存在的艱辛。

人生是由無數的片段組合而成的，不時在其中放上取悅自己的片段，生活才能帶著火花繼續。

取悅自己，就要捨得為自己花錢。

因為這是給自己釋放一個訊息：「你值得擁有美好的一切。」

能為自己花錢，就代表了有能力為自己的人生買單。對自己的生命有完全的自主權，那會增加自信與成就感，知道自己不需要依靠別人，就能活得豐富精采。

但是「捨得為自己花錢」和「滿足自己無限的欲望」是不同的，必須衡量自己的能力，那樣的自我取悅才不會反而成為焦慮的負擔。

取悅自己，就意謂著喜歡獨處，能夠自得其樂。

因為你明白快樂不是來自外在，而是發自內心，不是別人給予，而是自給自足。如果能從獨處中得到快樂，那麼就已在自我取悅與自得其樂的狀態中了。

取悅自己，就是允許自己任性一點。

經過歲月歷練之後的任性，早已不是年少時那種不知天高地厚的白目，而是隨順心意，聽從自己內在的聲音，聆聽並且回應自己的需求。

可以任性，也是因為知道自己的性情是成熟的，所做的任何決定都不會帶給別人困擾，但一定會讓自己快樂。

取悅自己，就意味著把專注的焦點放在自己身上，不必去為別人的事操心。

一直很喜歡榮格的這段話：「你連想改變別人的念頭都不要有。要學習像太陽一樣，只是發出光和熱；每個人接收陽光的反應有所不同，有人覺得刺眼，有人覺得溫暖，有人甚至躲開陽光。種子破土發芽前沒有任何的跡象，是因為沒到那個時間點。只有自己才是自己的拯救者。」

無需承擔別人的人生，也承擔不了。少為他人的事操心，好好把自己的生活過好，對於你愛的人和愛你的人來說，已經是一種支持了。

話說回來，為所愛的人操心，想的至少還是自己喜歡的人，若總是想著那些惱人的人，為此而心煩氣躁，那簡直是一種自我迫害。真的不需要把不值得的人事物如此放在心上來讓自己不好過。記得要取悅自己，而不是折磨自己。

取悅自己，就常常讚美自己，就不需要拿自己去跟別人比較，就放下那些讓自己不開心的往事，也不要勉強自己去做任何不想做的事情。

有時會看到一些朋友對所愛的人很慷慨，卻捨不得自己吃好的穿好的，總是供給著所愛之人的需要，卻不知道自己需要什麼。這樣的愛雖然讓人感動，但也是一種缺失。

我也曾經忘記自己，因此生活過得一片乾涸，我用心照顧別人，卻沒有用同樣的心意照顧自己。回想起來，那段日子的心情焦慮而灰暗，總有一種找不到自己的荒蕪感。畢竟把別人的重要性放在自己之前，終究是失衡了。

圍繞著別人運轉，自己的核心在哪裡呢？再愛的人也是別人，別人有一天可能成為陌生人，那時自己又要如何自處呢？

在一次痛定思痛之後，我深深明白，在這個世界上，有一件事只有自己能為自己辦到，而且一定要做到，那就是愛自己——在給出愛之前，必須先愛自己，才不會在愛裡迷失。

取悅自己就是愛自己的方式，要把自己當成一株需要陽光、空氣、水的植物來用心對待，先讓自己快樂地伸展開來，先確立自己的存在。

每一個人都是一朵世界上獨一無二的花，所以先好好愛悅自己，讓自己開花吧。當自己就是快樂的源頭，發自內心的喜悅就會源源不絕地湧現，也不會被別人剝奪。

而要成為快樂的源頭，就從願意取悅自己開始。

沒有誰能折磨你，除了你自己

來到人生中段之後，我們已經明白，不值得讓任何人來破壞自己的人生。

前陣子大S與具俊曄閃婚的事情成為眾人熱議的話題，當大家都在驚嘆那二十年未改的手機號碼牽起再續前緣簡直是偶像劇情節，我的朋友A卻對竟然可以隔海結婚這件事大驚失色。

「社群網路上那麼多來自海外的情感與金錢詐騙，如果那些騙子利用隔海結婚這個竅門來犯案，那不是太可怕了嗎？」

我認識A半生了，年輕時的她是個天真爛漫的女孩，也是那種「先愛了再說」的個性，如今卻如此務實。不過，在經過那麼多情感的功課之後，如果A還像年輕時一樣天真爛漫，那也就太不可思議了。

不只是A，據我的觀察，我身旁的朋友們來到人生的中段以後，對於愛情的態度都再也不會像以前一樣飛蛾撲火。過去那種一遇到愛情就神魂顛倒、不顧一切的姿態，已經被冷靜與理智所取代。

亞里士多德曾說：「沒有誰能折磨一個人，除了他自己。」人過中年以後，就會懂得這句話用在情感上是多麼適合。年輕時為了一個人魂不守舍、茶飯不思的那種痛苦，其實都是自設的迷障。現在要動心已經很難，更別說還要為某個人如癡如狂。

事情總是相對的，正因為有那樣奮不顧身的痛苦，也才有得償所願的快樂。但反過來說也一樣，曾經有過如何的狂喜，後來也就會有如何的狂悲。年輕的時候一遍遍陷入類似的輪迴，像坐雲霄飛車一般樂此不疲，但不知從什麼時候開始，對於這一套劇碼只覺得折騰，也不再期待。

以前收到神秘花束就猜想這該不會是某人送的還心頭小鹿亂撞，現在卻猜想這該不會是某種新的詐騙手法？

以前覺得有人相擁而眠真幸福，現在終於承認那根本一點都不舒服。一條卡在脖子後面的手臂把自己卡成了落枕，比不上一個讓人安眠的柔軟抱枕。

來到人生中段之後，我們已經明白，不值得讓任何人來破壞自己的人生。與其在情海中載浮載沉，更重要的是好好和自己相處；與其為了別人而患得患失，不如用那個能量來好好愛自己。

我有一位比我年長許多的女性朋友，她在某次的醫學研討會上認識了一個來自瑞士的醫生，兩人互有好感。對方在知道她也是單身之後，就閃電般地向她求婚。當她向我說起這件事的時候，我覺得這太浪漫了，果然是千里姻緣一線牽啊！

沒想到過了幾天，她卻告訴我那段感情已經結束，因為她的工作、家人和朋友都在臺灣，如果要去瑞士生活，這一切都得放棄，但她喜歡自己的現狀，沒必要為了任何人而改變。再說異鄉生活充滿未知，無論如何都是冒險。而且她也不想維持一段越洋戀情，那太耗費彼此的能量了，因此最好的決定就是果斷地斬絕。

那時的我還在對愛情充滿憧憬的人生階段，對於她的選擇悵然良久，也想不透處理感情為何可以如此理智？但在自己也來到她當時的年紀，才明白了那樣的心境。一旦可以冷靜地把「自己的人生」和「另一個人」放在天秤上掂量一下，就會得到了然於心的答案。

在人生的一切都成熟穩定之後，就很難讓別人來把自己完好的狀態打破，也不再有那個時間、精力、意願或興致去和另一個人磨合。不過必須說，這個前提是自己經濟獨立，也有把自己一個人的日子過好的能力。

「先愛了再說」已經不是這個人生階段會覺得好浪漫的事，與其縱身投入一樁充滿考驗的情感關係，不如先把自己一個人的日子過得更好。

愛情早已不是人生中最重要的事，甚至可有可無。如果愛情的快樂能為生命加分，那當然很好，但若帶來的是痛苦煩惱，又何必自我為難？美滿的婚姻當然是有，但比起兩個人的幸福，一個人的快樂或許更自由自在。

再回來說說另一個手機號碼二十年未改的故事。

我的朋友B也一直使用著同一個手機號碼，有一天，她也接到了舊情人的電話。兩人已二十多年未見，從不曾聯絡，現在忽然又搭上線，讓她一時心驚膽跳，暗忖這是怎麼了？對方難道也是要來重續前緣嗎？

在那個當下，她迅速地把自己目前的人生狀態盤點了一遍，然後確定自己現在並不想要一段感情，不論這段感情是新的還是舊的。就在她心中暗潮起伏，想著該如何婉拒對方時，卻發現對方有技巧地把話題轉到天有不測風雲、人有旦夕禍福之類的隱憂上，讓她逐漸意識到這通電話的來意恐怕是另有所圖。果然，不久之後對方就說他現在是個保險經紀人，可以為她量身訂做一份全方位保單。

當她跟我說起此事時，沒有任何失落或其他負面情緒，只覺得是趣事一件。

「同樣都是要拒絕，拒絕一份保單，還是比拒絕一樁情感來得容易。知道他的來意時，我反而鬆了一口氣。」她笑著說，「不過雖然我不需要那份保單，但我另一個朋友可能會有興趣了解，所以我已經在徵得那位朋友同意之後，把兩人牽上線了。」

可是我記得，當年她和那個男人分手，是因為對方用情不專讓她傷透了心。現在還為他牽線，是顧念舊情嗎？

她手一揮，瀟灑地說：「哎呀，我只是純粹覺得人要互相幫忙。至於那些舊事，不管好的壞的都一樣，早就忘了。」

嗯，這就是成熟女子的氣魄吧。

拿回妳的名字

名字不但是個人符號，還是生命能量，更是對自我的召喚。

男女之間「相愛不容易，相處更困難」這個主題，在日劇《離婚活動》裡發揮得淋漓盡致。除了男主角永山瑛太與女主角北川景子之間令人揪心的離合發展之外，還有一幕也令我印象深刻。

男主角的母親決定離開那個飯來張口茶來伸手的丈夫，離家出走到某溫泉旅館去當女侍。某天旅館的工作人員一起吃飯時，她用筷子夾起一塊玉子燒，臉上露出意味深長的微笑，然後她一口咬了下去，那微笑更深了。

原來在漫長的婚姻生活中，因為丈夫喜歡甜味的玉子燒，雖然她並不喜歡，卻從未表示過自己真正的感覺，也從未做過鹹味的玉子燒，因此這是婚後多年以來，她第一次吃到自己喜歡的鹹味玉子燒。當下她表情中流露的喜悅與滿足，一切盡在不言中。

後來男女主角來到這間溫泉旅館勸她回家，她搖頭拒絕，並且平靜地說，多年以來，她一直是〇〇太太，或是××媽媽，而〇〇××都是別人的名字，但是在這間溫泉旅館裡，大家都喊她某某姐，她才聽見了自己的名字，這讓她太感動也太開心了！那是在過去的生活裡得不到的快樂。因此，她已經回不去了。

看到這裡，我想起了我的朋友Y。

Y從大學二年級就開始相親，然後大三那年訂婚，大四步出畢業禮堂的同時也跨進了結婚禮堂。夫家是個保守的大家族，公婆認為女人就該在家相夫教子，Y雖然以優異的成績畢業，婚後卻不曾在外工作。夫家很有錢，Y可說是嫁入豪門，家裡有幫傭，但是丈夫的飲食不能假他人之手，一日三餐都得由她親手打理，因此要和Y見一次面十分不容易，一來她不能耽誤了丈夫的三餐，二來她要出門必須經過丈夫同意。於是自從結婚以後，Y就從朋友的聚會中漸漸絕跡。

因為很少聯絡，所以雖然在學生時期曾經很要好，我對於Y婚後的狀況卻所知不多，但是可以想見，那必然是很不自由的狀態。在還沒有通訊軟體的年代，要與Y聯絡非常困難，打電話過去，接電話的總是別人，最後話筒還不一定會到Y的手上。久而久之，我和Y漸漸斷了音訊。

直到大約三年前，我忽然接到Y的訊息，她說要約我喝下午茶。太多年沒見，在那間茶館裡，我一時認不出她來。她曾有的美貌如今被滄桑取代，顯然這些年來，她的心很疲累。她告訴我已經離開夫家，好不容易孩子們都上了大學，而她一直在等待著這樣的時機，才能放心離去。她還沒離成婚，可能也永遠離不成，夫家很重面子，不會允許這種事發生，但無所謂，總之她不會再回到那個牢籠一般的豪宅。

現在的她在一間有機食品店當店員，薪水不多，但一個人省吃儉用也夠了。她並且提及，因為多年以前曾經欠我一頓下午茶，所以現在來還約。

我都忘了有那麼一回事，她卻很認真地說，那天她本來要赴約，但她的先生一開始答應，臨時又不准了，那讓她非常抱歉，也一直對自己的失約耿耿於懷。經過這麼多年，她終於可以履約，也終於可以放下。

我聽了很心疼Y，她卻很平靜，可能在多年的婚姻中，淚水早已悄悄流乾了吧。

真難以想像Y這些年來過的是什麼樣的日子，同時我也想起她的夫家是多麼富裕的人家。過慣了豪門生活，現在她一個人在外生活能適應嗎？

她淡淡地表示現在的她很好，至少出門不必別人准許，而且可以為自己煮食，可以吃自己想吃的東西，這樣的自由她很珍惜。

「最快樂的是，每個月領到薪水袋時，雖然裡面的錢不多，但是看到信封上自己的名字都好感動，那讓我有一種找回自己的感覺。」她微笑著說。

名字不但是個人符號，還是生命能量，更是對自我的召喚。如果一個女人在結婚以後只是○○太太和××媽媽，也就漸漸失去了自我與主體性，終究是一種椎心的失落。尤其當別人覺得自己的付出都是理所當然，更是感到空虛，於是不禁要自問：我是誰？我在哪裡？我要如何找到我自己？

在早期的年代，女性的歸宿就是婚姻，這樣的觀念現在已經改變，對於新世代的女性來說，Be who you want to be（成為自己想成為的人），才是自己的歸屬。能生活在這樣的年代是幸運的，因為那表示可以有選擇權去改變一個自己不喜歡的現況。

對以前的女人來說，丈夫就是天，要打雷要下雨都只能接受。現在的女人可以擁有自己的天空，而且絕對有權利拒絕別人的天空飄來的烏雲。

有勇氣離開一個不快樂的環境，找回自己的天空，重新認識自己的名字所代表的意義，並且決定依靠自己的名字活下去，會讓人打從心裡振奮起來。雖然那其中的過程並不容易，但是確立自己的存在是那麼重要的一件事！那是生命能量的展現，而且永遠都不嫌晚。

真正的自信和青春美貌無關

每個人都是完整的個體，沒有誰是誰失落的碎片，也不會少了誰從此就不能得到幸福。

回想起來，在很久以前，當我二十多歲的時候，曾經做過一件有點無聊又有點可笑的事情。

那是一場婚禮，聽說已分手的前男友也會參加，讓我備感煩惱。因為當時的我並沒有交往對象，卻又不願意讓對方看見自己形單影隻的模樣，我覺得那很難堪，如果他還帶著新女友一同出現，那就更傷人了。於是我想來想去，就想到了找人假扮男朋友這個主意，也順利找到了適合的人選。

為了當天能入戲，我真的和那位男性友人約會了幾次，培養默契與感情，甚至還沙盤推演了一番，現場若是遇到對方要如何應對……那種認真的程度，大概也不亞於那場婚禮的伴娘了。

至今我仍記得自己挽著假男友的手臂走進婚禮會場時那種如臨大敵的緊張心情，可是卻怎麼都想不起來當時究竟是為了誰而這樣大費周章？當然也不記得到底有沒有在現場遇到對方。

時移事往之後的現在，再想起那件事只覺得啼笑皆非，也總算明白那樣的如臨大敵又大費周章，不過是自己演給自己看的內心戲罷了。

年輕的時候總希望身旁有人陪伴，如果沒人，必要時還得假裝有人，這樣的心態其實是對自己的不安。一來那時往往透過想像中他人的眼光觀看自己，對自己充滿了各種挑剔和不確定；二來那時深信自己是一塊有待完成的拼圖，是某個人失落的一角，除非找到彼此否則不會有真正的幸福。

換句話說，年輕的時候總以為愛情是人生最重要的事，要有那個「他」的存在，自己才會完整；若是無人相伴，就是一種欠缺。如此把自我價值建立在虛幻的他人身上，這樣怎麼會有自信？當然只有不安了。

而是從什麼時候開始，這樣的不安漸漸消失了呢？大概就是從有了一些年紀也有了一些人生閱歷之後吧。

慢慢就明白了，在意他人如何觀看自己完全是自找罪受，因為每個人關注的其實都是自己，會花時間來注意你的人少之又少。

就算有人真的在看自己，只要在意那些真正愛你、關心你的人就好，而這些人並不會挑剔或嫌棄你。至於其他不重要的人，他們怎麼看你、怎麼想你也不重要。

慢慢也明白了，每個人都是完整的個體，沒有誰是誰失落的碎片，也不會少了誰從此就不能得到幸福。因為幸福的感覺在自己的心裡，並不在他人的身上。而愛情只是人生的一個選項，若是對方帶來的痛苦多於快樂，那麼還是寧可回到自己單獨一人的狀態就好。

一旦可以安於自己一個人，不再期待別人，也不再讓他人決定自我價值，那種曾經如影隨形的不安就消失無蹤了。

當不再對自己感到不安，一個人真正的自信才會開始。

我有一位朋友曾經嫁入豪門，享盡榮華富貴不說，她所嫁的人也總是不吝讚美她的美貌。那時她的舉手投足之間都是滿滿的自信，畢竟沒有什麼是她想要卻得不到的。

後來，她的前夫為了另一個更貌美的女人，斬斷了與她的婚姻，她在一夜之間失去一切，也失去了對自己的認知。那時她才發現，原來她曾以為的自信像紙一樣一戳即破，是假的，那不過是基於她的婚姻附屬地位而來的優越感罷了，當她的貴婦身分被拿掉之後，那虛假的自信也塌了。

這時，她不得不承認自己什麼也不會，甚至不知道要如何繳過期的水電帳單，因為這種事以前養尊處優的她都不必做。原來自己是如此無能無用的人啊，她陷入很深的低落與沮喪之中。

於是她不得不開始學習一個人的生活，學著如何煎荷包蛋，如何為髒汙的衣服去漬，如何到郵局領掛號信……沒想到這些看似微不足道的小事，卻慢慢累積了她對自己全新的信心。她的低落沮喪逐漸在日常中治癒，同時也梳理出珍貴的心得：「我可以不依靠別人，把生活裡的每一件事做好。雖然都是微小的事情，卻都有它們的意義。生活沒有以前那麼容易，但我更喜歡這樣的自己。」

當她這麼對我說的時候，衷心微笑的表情很美，和過去由華服與精緻的妝容堆出來的氣勢完全不同，那是真正的自信。

歲月給人帶來的禮物除了智慧，還有自信。

對於自信，我是這樣定義的：坦然接受真實的自己，並且不和任何人比較。

而這樣的自信，不也是因為有了人生的智慧而來的嗎？

所以明白，自己的價值不在別人的眼光裡，也不在擁有的名聲財富中。

所以明白，別人怎麼看你並不重要，重要的是你怎麼看自己。

所以明白，真正的安全感來自內在，別人無法給你，只有自己可以給自己。

所以明白，每個人都是單獨的存在，就算有人相伴，也是兩個獨立的人在一起，是兩個圓交會出一個共同區域，而不是兩個圓重疊為一個圓。一旦失去自我獨立的空間，那樣的關係只會令人窒息。

明白了以上種種之後，就不會再把任何一個別人的重要性放在自己之前，而是永遠都把自己放在這個世界的核心。身旁有人也好，沒人也罷，自我的運轉都是和諧順暢的，都覺得安心自在。

是的，有了一定的人生經驗與歷練以後才終於明白，真正的自信不是來自於青春美貌，不是財富地位，不是身邊有人沒人，而是在任何狀態，在時時刻刻，都可以全心全意地接受當下的自己，安然地和自己在一起。

情感獨立帶來心靈自由

我們曾經需要別人來填補內在的空洞，也曾經期待在愛情當中成就圓滿，但是後來我們終將明白，真正的圓滿就在自己的內心。

某個閒適的夜晚，和幾位好友聚在一起小酌談心時，我問，如果可以穿越回到你的二十歲，你會和那時的自己說什麼？

朋友A說，他會勸那時的自己，不要太在乎他人對自己的看法，做自己想做的事就好。人生是自己的，經驗與感受也是自己的，別人並不真的了解，所以大可不必為了別人隨口的批評而走後來那些冤枉路。

朋友B說，他會大聲告訴那個曾經為了愛情痛苦不堪的年輕人，千萬別為了一個離開你的人傷害自己，太不值得了。沒有誰失去誰是活不下去的。其實很多年以後，當年差點兒就為他跳樓的那個人叫什麼名字，你甚至都想不起來了。

朋友C說，她會告訴那時的自己，就去愛吧，去好好經驗一切，不必給那些經驗下任何好壞的標籤。因為不管是好是壞，最後都是好的，都會累積成為自己的人生養分。

朋友D說，她想擁抱二十歲的自己，溫柔地告訴那個女孩，將來妳會遇到很糟糕的人，發生很可怕的事情，那些人、那些事會令妳一時痛不欲生。但不必害怕，也無須灰心，妳的靈魂很勇敢，一切都會度過的。妳會穿越風暴，成為更好的自己。

幾個單身或二度單身的中年人因為各自的人生經驗而有不同的感懷，相同的是，我們都很喜歡現在的自己，也並不眷戀年輕。而且我們也都同意，無論身旁有人沒人，永遠都要把自己放在最重要的位置。

年輕的時候，我們曾經需要別人來填補內在的空洞，也曾經期待在愛情當中成就圓滿，但是後來我們終將明白，真正的圓滿就在自己的內心。

愛過的人、走過的路、有過的快樂或傷痛，都只是一段段經驗而已，也是因為這些經驗的累積成就了現在的自己。而當一個人徹底明白唯有自己才能成就一切圓滿，也就達成了情感的獨立。

情感獨立意謂著知道自己是獨一無二的存在，不需要別人來增加或肯定自己的價值。和自己在一起的時時刻刻都很自在安心，不會想要去依賴誰，不會再為了誰而心神不寧，也不會以為一定要有誰陪伴才開心。

情感獨立與身旁有人或沒人其實沒有關係。你可能有一個伴侶，但你很明白你們是各自獨立的個體，你不依賴他，亦不期待他把你放在世界的中心。你也可能處於單身，卻一直覺得自己缺少了親密關係而不完整，你的自我價值需要別人來認證。

情感獨立不在於外在狀態，而在於內在心態：有伴的時候，你覺得很好；沒伴的時候，你也過得很好。一方面，你可以與他人有深入的情感連結；另一方面，你也可以隨時回到一個人的自由自在。

事實上，只有情感能獨立自主的兩個人之間才能擁有美好的愛情品質，才不會有依賴、掌控、猜疑等各種令人痛苦的內心戲，畢竟自己是豐盛的才能給予，而感覺匱乏之則會索求。如果一直未曾意識到這個問題，人生就會成為一場漫長的心靈酷刑。

我有一位阿姨，今年已經八十有五，卻依然還在為情所苦。她天天為了身旁那個都快要九十歲也還依然風流成性的男人而傷心氣惱，總是在三更半夜打電話給她的閨密，也就是我的母親哭訴。

母親一開始還好言相勸，人生還有幾年好活？看開吧，放下吧……但後來母親就不再多說什麼了，因為母親漸漸明白，阿姨對於別人的開導或建議根本是置若罔聞，說再多她都聽不進去，只是執著在自己的痛苦裡而已。

我們都經驗過那樣的執迷不悟，後來也都會恍然大悟，原來以為愛得要死要活的感情背後，只是業力的拉扯與糾纏啊！看穿那其中的無明，別再讓自己受苦，這需要自我提升的智慧。

情感獨立與自我價值有著直接的關聯，除非從內在去建立一個更清明的自己，否則都是枉費。所以別人再怎麼勸，都是無用的。

看到阿姨一輩子都為了一個男人而忽忽如狂、魂不守舍，我一方面覺得不可思議，另一方面也覺得，說不定這樣的執著正是阿姨活著的動力，只是那背後支撐她的是各種負面情緒。

把自己的喜怒哀樂都寄託在別人身上，情感始終未能獨立自主，終日心酸苦楚，漫長的一生盡是自我折磨，也未免太累人了。這是太在乎別人，還是太不愛自己呢？

一個在情感上獨立自主的人，必然也是一個懂得愛自己的人。因為愛自己，所以不會向別人討愛，也不會依賴別人給愛，他知道愛的源頭就在自己，不在別處。

過往人生裡那些悲歡離合最終帶來的醒悟，無非是這樣的真理。

我和我的朋友們都明白，曾有的考驗都不是白費的，是那些經歷讓我們成為一個在各方面都能夠獨立自主的人，包括情感。尤其是情感。就像經濟獨立帶來財務自由，情感獨立也將帶來心靈自由，這些都是歲月換來的，都需要時間的累積。

想想此刻我們可以坐在一起小酌談心，也是許多條件的累積。於是我又問，若是現在有一個天使出現，應允我們可以回到二十歲的自己，你會願意嗎？

全部的人都搖頭。其中一個朋友說：「我好不容易才擺平過去的自己，總算活到現在這種舒服的狀態，幹嘛砍掉重練？不，謝了！我一點兒也不想回到為了有沒有人愛我而徬徨失落的過去，就算那時兩頰有滿滿的膠原蛋白，我還是更喜歡現在的自己。」

確實如此。

你喜歡和自己在一起嗎？

對自己的愛才是一切的出發。

當我還是個小女孩的時候，總是喜歡問朋友們這個問題：「你覺得人生最重要的是什麼？」

問這個問題，其實是為了我自己想要說出那個答案：「我覺得人生最重要的，是愛。」

但什麼是愛？愛的對象又是誰？我的心裡只有一片朦朧。畢竟對一個連初戀經驗都沒有的小女生來說，談論人生還太早，愛的經驗也太缺乏。之所以喜歡這個答案，或許只是那時的我對於愛情的憧憬罷了。

在那段一切都尚未發生的少女時期，美好人生在我心中的想像，就是有一個我很愛很愛的人，他也很愛很愛我，我們會長長久久地相偎相依，過著充滿彩色泡泡與繽紛花朵的幸福生活。

然而在走過大半個人生，經歷過泡泡與花朵但也經歷過狂風和暴雨之後，我才恍然大悟，原來愛情並不等於愛，也才終於了解，原來人生絕大部分的時候都是單身狀態。

維基百科對於單身的解釋是：已經到達或超過國家或地區的法定結婚年齡後，未婚、離婚，或喪偶者。可是單身的人未必沒有固定伴侶，換句話說，一般對於單身的定義是從是否擁有法定配偶來決定。

若是從這樣的定義來看，我周圍的朋友確實以單身居多，其中許多至今仍然未婚，大概也就終身不婚了；也有許多雖然結過婚，可是也已經離了婚；至於婚姻名義上仍在，實質上卻不在的，也和單身差不多。

即使兩人可以相互扶持到老，也總有一天會因為死亡而分離，而這已不限於婚姻狀態，所有的情感關係都是如此。

總之或長或短，或遲或早，每個成年人都得學會自己一個人生活。

所以可以這麼說，單身是人的基本狀態，一旦能夠接受這個事實，就會有從心裡湧起的自由。

畢竟傳統看法有一種迷思，認為一定要擁有美滿的婚姻，才算是幸福的人生。可是美滿的婚姻在哪兒？它或許存在於這世界上的某處，卻不在大部分人的生活裡。

許多人因此感到失落或是焦慮，覺得別人好像都很美滿而只有自己不幸福，是不是自己的人生有所欠缺？是不是自己不值得被好好對待？若是可以放下這個迷思，坦然接受自己當下真實的狀態，就是內在自由的開始。

不再期待別人，不再等待傳說中的美好緣分發生，也不再試圖改變身邊的人以符合自己的期望，那就像放下了一個虛妄的重擔，會令人身心從此輕盈起來。

年輕的時候對於別人有所期待，那是人生必經的過程，那時對於探索彼此總是充滿了新鮮的激情，為了愛情，上刀山下油鍋都可以。可是人生到了一定的階段，經歷過幾番情感風雨之後，就不想再把能量耗費在與別人的相處和磨合之上，也不會再期待別人為自己改變，或是期待下一個更好的人出現，這時想望的往往是回到內心，安靜地和自己在一起。而這樣的領悟若能早些開始，就會減少許多自苦的時間。

是啊，如果自己一個人就可以好好地過日子，為什麼要讓另一個人來破壞自己的安寧？雖說為了某人神魂顛倒有時也是一種樂趣，但若長期處在為情所苦的狀態可就太累人了。

人生畢竟是春夏秋冬的過程，在應該欣賞落葉之美的季節還煩惱著春花為何不開，只是和自己過不去而已。

我的朋友N多年來都為了在兩個男人之間不知如何選擇而痛苦不已，至今也還在那個反覆打轉的漩渦裡。她曾流著淚問我，如果是我會選誰？

我告訴她，選擇自己吧，別再為了別人而忽忽如狂，靜下心來，專注在自己身上，好好和自己相處，才會感到發自內心的喜悅。

她幽幽地說，這太困難了。「旁邊沒人的時候，我只覺得心慌，可能是我不知道要如何和自己單獨相處吧。」

另一個朋友E和她的丈夫感情很好，在他因病過世之後，E曾經哀痛不已，但半年之後再遇見E，卻見她神采飛揚。因為終於可以不必再過著照顧病人的生活，所以這段日子她旅行了許多城市，不同地方的美景與美食帶給她正向的能量，讓她看起來充滿光采。

E還是深愛她的亡夫，可是她發現原來一個人的日子也可以過得很美好。「這是一種久違的自由之感。」她說。

N和E同年，可是她們的生命狀態如此不同。N不能接受只有自己一個人，所以她的心力都在別人身上，才會一直在同樣的迷障裡徬徨；E則是在失去所愛之後，並沒有也失去了愛自己的能力，因此可以享受和自己在一起的快樂。

而我想說的是，要能過好單身生活是有條件的。其中的關鍵，就在於是否喜歡和自己在一起。

如果喜歡和自己在一起，會如實接納自己當下的狀態，會即使一個人也要好好地穿衣吃飯，會全心全意享受獨處時的寧靜與甜美。

若是不喜歡和自己在一起，人生也就太難過了，畢竟別人都只能陪伴一生當中的一段時間而已，自己才是永遠在一起的人啊。

所以知道一個人該如何好好過日子，是很重要的。

單身生活其實就是各種獨立的總和，包括情感的獨立、思想的獨立、生活的獨立和經濟的獨立。在這個種種獨立的過程裡，會漸漸形塑一個更完整的自我，會對自己的存在更篤定，也會更懂得愛自己。

單身生活不必配合別人，做任何決定都無須徵求別人同意，可以百分之百地把生活過成自己想要的樣子。可是相對來說，一個人生活就是要獨自撐起一切，沒有獨立的能力可不行。

我在很年輕的時候就過著單身生活，那是在了解婚姻本質之後所做的決定，但在得到這份自由的同時，我也必須承擔獨自面對生活裡許多無人可以依靠的時刻。然而就算是一個人置身在停電的颱風夜裡，被無邊的黑暗與駭人的風雨包圍，我也從未想過要放棄我的單身生活。

曾經一心一意期待別人，現在全心全意和自己在一起。若說人生帶給我什麼樣的成長，大概就是我已經深刻地了解，對自己的愛才是一切的出發。

唯有懂得與自我親近，才能真正與他人相連；唯有自己裡面是滿的，才能倒水給別人；唯有和自己在一起是快樂的，和別人相處時也才會快樂。

所以如果現在你問我，人生最重要的是什麼？我還是會回答，人生最重要的，是愛。愛這個世界，愛天空大地河流海洋，愛春花夏風秋月冬雪，愛一切有情眾生，而所有愛的源頭，都是從愛自己開始。

單身女子的獨處宇宙

「好想一個人住啊！」一旦湧起這樣的念頭，往往也是內在獨立意識萌芽的開始。

英國女作家維吉尼亞．吳爾芙的名言：「如果一個女人想要寫作，她要有每年五百英鎊的收入，還要有屬於自己的房間。」

五百英鎊大約等於兩萬臺幣，以今日來說可能只夠一個人一個月的基本生活費，而且還得非常節省才行，畢竟這是吳爾芙在一九二八年對女大學生們演講時提出的主張，當時的金額無法等同於今日的幣值；而那個年代女性所受到的侷限，今日也已不可同日而語，所以對於一個有心創作的現代女性來說，需要的已不只是房間，而是可以完全獨處的房子。

更進一步延伸來看，吳爾芙的這句話充滿象徵意涵，並不限於有心創作的女性，而是所有想要獨立的女性。寫作是思想獨立的象徵，擁有支配金錢的權力和獨處的自主性，則不只是財務上的自給自足，還包括了不被打擾的心靈自由。

換句話說，一個女人的獨立，是經濟上與思想上相輔相成的獨立，而且還必須擁有一個完全屬於自己的獨立空間。

自己的空間，就是一個只有自己能自由進出的世界，除非自己同意，別人不能進來，可以把一切不想理會的人事物都擋在外面。這個空間完全私密，也無人打擾，十分安全。

反過來說，如果沒有一個完全屬於自己的空間，也就沒有自己的獨立世界，外界勢力隨時都可能入侵，那總是令人有著隱隱的緊繃與不安，無法全然地放心與放鬆。好比說，你喜歡在完全的黑暗中入眠，另一個人卻總是想要留一盞燈；或是你想要絕對的安靜，另一個人卻總是把音樂開得每個角落都聽得見。諸如此類的絲絲縷縷，雖然只是生活小事，累積起來卻十分惱人。

因此，「好想一個人住啊！」一旦湧起這樣的念頭，往往也是內在獨立意識萌芽的開始。空間與心靈的關係密不可分，當一個人處在一個可以信任與交託的環境裡時，不必顧慮別人，必然是自在輕鬆的。

在自己的空間裡，創造自己的小世界，給自己一個獨處的宇宙，安放自己的身心靈，對於任何一個想要探索自我的人來說都是一種必要。也因為女人的天性是向內的，特別需要與內在的自我對話，所以尤其需要自己的空間。

我有一個朋友，她擁有丈夫、孩子、時尚的工作、美麗的房子……但就是沒有自己的房間，也沒有太多屬於自己的時間。她常常做一個夢，夢中的她總是坐在一個空曠的房間裡，就只是坐在那裡，什麼事也不做，旁邊什麼人也沒有，但她覺得非常美好又安心。她也知道自己在做夢，而且總是不願醒來。

我想，這個夢是一個明顯的提醒，她需要一個屬於自己的空間。在那裡，她不是別人的妻子，也不是別人的母親，就只是她自己。

另一個朋友，近百坪大的房子裡有公婆有丈夫有小孩有小姑，卻也沒有自己的房間。當她在家人之間受到委屈，難過想哭的時候，只能藉由晾衣服的藉口，到頂樓陽臺上去默默流淚。

後來她離開了那個家，住進一間十三坪的小房子裡，但她告訴我，在自己一個人住的地方，比起過去的房子雖然寒傖，她卻第一次真正有了歸屬的感覺。

每個人都需要一個完全屬於自己的空間，因為每個人內心都會有獨處的需求。

或許一個家裡，丈夫和妻子有共同的房間，也各有私人的房間，會減少許多的家庭失和。畢竟就算夫妻感情再好，偶爾也會關係緊張，此時雙方各自暫時關上自己的房門，讓對峙的情緒冷卻下來，彼此之間才有轉圜的空間。

而且，無論感情好不好，生而為人，終究需要擁有回到自己一個人的時候。

對我來說，最理想的親密關係是這樣的：在一個大花園裡，兩人各有各的房子，還另有一間共用的溫室，彼此可以在這共用的空間裡相聚，一起吃飯聊天，喝茶看花，但還是各自住在自己的房子裡，擁有自己的空間，也尊重對方的空間。如果是這樣，那將會很美好，應該可以白頭到老。

自己的居住空間，是一個人內心的具體呈現；擁有一幢屬於自己的房子，則是個人獨立的具體實現，也是對於安全感的滿足。

身為一個寫作的女子，我對於吳爾芙所說的「自己的房間」十分心有戚戚。因此當我開始獨自生活的時候，所做的第一件大事就是買一間屬於自己的房子，然後把它布置成最適合自己的樣子。

我的房子呈現了我的內心狀態，有我喜歡的植物與畫作，到處堆滿了書，時時刻刻都有巴哈、蕭邦或新世紀音樂。當我身在其中，一切的感覺都很和諧，畢竟都是我喜歡的東西，所以這個空間的能量與我是相符的。

做家事的時候，我也往往覺得是在與這個空間互動，其中有一種療癒性，因為在整理外在的同時，彷彿也在整理自己的內心。而且這是屬於我的私人空間，所以我所做的一切都是心甘情願，無須和另一個人計較對於家事誰做得多誰做得少，也無須覺得哪一個擺設與自己格格不入。

在自己的房子裡，我可以完全地和我自己在一起。

這個世界上也只有一個地方可以給人這樣的安全感，那個地方就是家。每個人都有自己的家，一個穩定的、安適的、不漂泊的、不需要移動的家，而對單身女子來說，自己的房子就是自己想要的家。

每個人都該有自己獨立的空間，而單身者在這方面的需求或許特別強烈，因此才選擇了獨居，也因此會特別需要擁有自己的房子，尤其是寫作的單身女子，至少我是如此。

也是在那場對女大學生的演講中，吳爾芙說的這句話一樣讓我心有戚戚：

「沒有別人的臂膀可以讓我們依靠，我們必須孤身前行。」

世界很大，人生很長，有很多地方值得探索，有很多事情有待實現，但沒有別人可以期待，所有的前進都必須依靠自己的力量。

也因此，一個可以接納真實的自我並安放一切喜怒哀樂的地方、一幢永遠等待我們回去的房子、一個自己創造的家，對於單身女子來說，也就那麼重要。

自己的日子自己過

把心照顧好，不憂懼、不猜疑、不悔恨、不自尋煩惱、不想過去和未來的事，早晨好好醒來，夜裡好好安眠。

「悠閒的人是在凝視上帝的窗口。」我總是把米蘭．昆德拉的這句話，當成胸花一樣地放在心上。

無所事事是最好的事，若是有事，也是一心一意地只做一件事。我不是個可以一心多用的人，忙碌會使我感到混亂，唯有讓自己緩慢下來、安靜下來，然後專注下來，我才能把手邊的事情做好。

因此，當我感到急躁、焦慮或其他，當我感到自己正在進入某個情緒的地獄，我就會閉上眼睛，專心在一遍遍的深呼吸上，用這樣的方法凝聚內在意識，沉澱情緒。如此，負面的感覺悄悄消散如過眼雲煙，內在還原為朗朗晴空。

深呼吸靜心，隨時隨地都可以進行，隨時隨地也都可以回到內在的自己。

緩慢地呼吸，緩慢地走路，緩慢地做自己手邊正在進行的事，即使是在步調匆促的現代生活裡，也可以保持悠閒與寧靜的心境。

而身體是心靈的殿堂，心若是匆忙，身體就跟著荒涼。心一旦黑暗，身體也就沒有了光。

畢竟身心相連，若是內在紛紜，怎麼會有外在的平安呢？

所以我愈來愈明白了，要活得健康，就得與這個社會適度脫節。

第一個該丟掉的是八卦媒體。那些爆料、緋聞、名嘴大放厥詞、政治人物相互攻擊……就像腐壞的食物一樣有害，所以何必知道呢？

真的，那些帶著毒素與細菌的資訊並無益處，就別讓它們來破壞自己的心靈健康了。有太多無聊的事真的不需要納入意識，讓自己的心處於寧靜與純淨的狀態，日子才會好過。

與這個社會適度脫節，也意謂著別太在乎別人對自己的看法，要有自己的價值觀。

我的按摩師朋友原來是從法國留學回來的工程師，在某家半導體公司裡寫機器人程式，但她厭倦了每天凌晨一點才能下班的生活，於是辭去工作，到蘭嶼去當代課老師，過著天天看海的日子。一年後她再回到臺灣，但沒有回到科技界，而是參加職訓局的課程，學會如何徒手為人按摩，從此就在這個行業裡待了下來。

從工程師到按摩師，從面對電腦到面對人體，我的朋友不再有百萬年薪，也卸下高科技人才的光環，她身旁的許多人為此感到可惜。可是她說生命是自己的，日子也是自己在過的，別人的看法只是別人的看法，何必被這個社會的價值觀綁架？她自己真正想要的，與一般人對成功的定義是完全無關的。她的工程師養成之路對她來說最重要的意義，就是讓她確定自己想過的是另一種人生。

現在的她在加拿大魁北克的芳療館中打工換宿，她說想以不花錢的方式，多去看看這個世界。在物質上她擁有的不多，可是她擁有自由與勇氣，那是絕大多數的人都沒有的。

能排除他人的眼光，過自己想要的生活，這就是最好的養生方式了吧。難怪我的朋友年近四十，看起來卻依然有少女的清新與輕盈。

我也以自己喜歡的步調，來安排自己的生活。知道自己的節奏是緩慢的，所以我只做自己想做的事，只見自己想見的人，這樣才能把大量空白的時間留給獨處中的自己。

早晨是我的瑜伽時間，在動與靜之間延展並收束身心，每次做完瑜伽，都覺得身體與靈魂彷彿被流水清洗過一般，清澈且舒暢。

之後，我會以靜坐來進入自己的內心，時間可能半個小時或一個小時甚至兩個小時，視當日狀況而定。靜坐的時候，家裡的兩隻貓咪或是安靜打盹，或是在我的前後左右追逐來去，不受控制的貓咪們正好考驗我靜定的功夫。

靜坐時的觀呼吸就是觀心，因為呼吸的狀態正是心的狀態。心不在焉的時候，不會意識到自己正在呼吸。心不夠靜，呼吸是淺短的；心愈靜，呼吸也就愈悠長。

家住山邊，山上某處是我的秘密基地，有很長的一段時間，我的晨間靜坐是在那兒進行的。那是最美好的靜坐，天上的雲、吹過的風、樹葉間的光影、草叢裡的蟲鳴，都在那當下與我和整個存在合一。

靜坐之後，我習慣誦讀一遍《金剛經》。對我來說，這是一部該以一生去琢摩、體會、參透、實踐的經典。一切有為法，如夢幻泡影，如露亦如電，應做如是觀。這是心的修持。人生本是一場修行，而修行即是修心。

然後，其他時間我用來閱讀。

這樣的早晨時光有如鑽石，讓我感到發自內心的喜悅，也讓我願意敞開自己去臣服生命中的一切。

因此，接下來的這一日不管遇見什麼樣的事情，好的壞的，驚喜的驚嚇的，也都讓我可以平靜地接受了。

一切都是從心出發，即使是吃這件事，也是如此。

囫圇吞棗式地吃東西，我會覺得很對不起那些食物，所以總是吃得很慢。以一顆蘋果來說吧，咬下去的那一刻，我會想著這顆蘋果還在蘋果樹上的時候，會感覺到曾經淋在它身上的雨、拂過它的風、照耀過它的陽光，會揣想曾經承接它的土地、看顧過它的天空。這顆蘋果是一棵樹和整個天地戀愛的結果，因為吃下了這顆蘋果，我也就和整個世界有了連結。

於是我深深的感謝。除了感謝天地，也感謝種下與收成這個蘋果的人。真的，只要想想吃下去的東西將成為自己的一部分，就覺得必須慎重地對待手中的食物，至少要知道自己吃下去的是什麼。

我也常常想，吃東西是因為欲望，還是因為身體的需要呢？欲望永遠是填不滿的，為了欲望而吃，只是顯示了內心的空虛吧。

其實吃得太多反而會失去對食物真正的感覺，適量才能感受其中的美味。前些日子嘗試了斷食的體驗，三天之內只喝蔬果汁，當再度恢復進食的時候，雖然只是一碗簡單的白粥，在舌間的感受也是那樣滋味無窮。

佛法說，萬法唯心造。

聖經《箴言》說：「你要保守你心，勝過保守一切，因為一生的果效是從心發出。」

新時代訊息最重要的核心觀念也說，You create your reality，你創造你的實相，說得淺白一些，即是心想事成。

而我一直都明白，是先有了內在的小宇宙，才會有外在的大宇宙，現實的一切都是心靈的投射。換句話說，先有了心靈的健康，才會有身體的健康。把心照顧好，不憂懼、不猜疑、不悔恨、不自尋煩惱、不想過去和未來的事，早晨好好醒來，夜裡好好安眠。這是好重要的事啊。

如果因為思慮過多而失眠，腹式呼吸是很好的方法，那會讓能量從頭部下降到腹部，放鬆了頭腦，也解除了身體的緊繃。

每天入睡之前，把當日的一切都放下，放下別人也放過自己，然後做個好夢，讓第二天醒來時有個美好的開始。這是善待自己的方式。

因為喜歡寧靜緩慢的生活，因為明白外在的一切都從內心出發，所以慢慢形成了自己的養生之道。然而我的初心，只是希望自己可以從容地面對人生的每一刻罷了。

輯二 ✿ 不必擁有

一日一餐，輕盈愉快

當習慣了天天斷食之後，更能放下欲望與執著，內心也就更清淨。

忘了是從什麼時候開始，一日三餐變成了我的負擔。

首先是節節上升的體重告訴我，當新陳代謝漸漸減緩，送入口中的食物也就該跟著一起減少。從來不必擔心發胖的好日子已經一去不回，我不能再假裝身上的贅肉是幻覺。事實上，那種堆積的沉重感也由不得我置之不理，畢竟那是非常具體的存在。

再來是一日三餐簡直整天都繞著吃打轉，總覺得才剛吃完上一餐，還沒完全消化呢，怎麼下一餐的時間又到了？再加上需要採買食材，需要料理烹煮，需要清洗鍋碗瓢盆，耗費在「吃」這件事上的時間未免也太多。

還有我也發現，真正會感到餓的時候其實很少，許多時候都是為了滿足快樂。也就是說，我吃下去的遠比我真正需要的多得多，而那些多出來的都是對食物的欲望。抽象的欲望變成具體的負擔掛在我的身上，像是一個難堪而且如影隨形的提醒，告訴我再這樣下去真的不是辦法。

於是大約從兩年前起，先搜尋了許多相關資料，並聽了一些專業醫師的說法之後，我開始進行一六八斷食。也就是十六個小時不吃東西，進食的時間集中在八小時以內，而我選擇中午十二點到晚上八點之間，這樣正好可以吃中餐和晚餐。

過了好一段時間，我覺得八個小時還是太長，於是又給了自己一個新的目標，從一六八改成一八六，讓進食的時間更加集中，只有中午十二點到晚上六點之間可以吃東西。但是我常常是吃過中餐之後，到了晚上六點依然沒有餓的感覺，而可以進食的時間也過了，那麼就只能等到第二天十二點之後再說。於是自然而然地，我就這麼進階成了一日一餐。

如此循序漸進下來，我習慣了這樣的模式，也從中得到許多值得分享的體驗與心得。

首先是漸漸去除身上多餘的負擔，而在擺脫沉重感的同時，心靈也會變得輕盈愉快。這是最直接的感受，並且可說是立竿見影，一旦開始進行，很快就有成效。

再來是時間變多了，因為省去了烹飪與進食的時間，也省去了清洗杯盤的時間。而且時間也不會再被打斷成好幾截，可以讓我更專注地進行手邊的工作。

當然也省了不少錢，畢竟一日一餐的花費一定比一日三餐來得少，而且也一併去除了零食，無形中又減去一筆開銷。

還有以前塞得滿滿的冰箱現在一目了然。為了保鮮的緣故，我的冰箱只放三天的食物，而現在每一天的分量都不多，因此我對於冰箱裡有些什麼都很清楚，不像以前常常一不注意就把食物放到過期。

最重要的是，天天斷食會帶來身心健康。

已經有許多醫學文獻的研究證實，十六個小時以上的斷食可以啟動人體的細胞更新，修復DNA，增強代謝能力與解毒能力，對疾病的抵抗力也會變強。

總之，斷食可以延壽、可以瘦身、可以抵抗衰老、可以預防疾病，還可以讓自己年輕有活力，身心都輕盈愉快。

是的，斷食真正的目的並不是減肥，而是健康。瘦身只是附加的好處之一。最值得一提的是，除了健康、減重、去除身體的負擔，斷食也去除了我頭腦裡偶爾瀰漫的雲霧，讓我的精神昂揚、思緒清晰，感覺自己彷彿更新了一個較高效能的版本，可見得多餘的食物真的會堆積成為內在的負能量。

後來讀了一些相關資料才知道，原來中年以後適度的斷食可以降低或減緩年齡帶來的大腦受損，保護大腦免於慢性疾病，換句話說就是預防失智。噢，這真的太重要了！

就像電腦使用一段時間之後必須關機才能得到最大的CPU效能一樣，斷食也是一樣的道理。讓腸胃休息，就彷彿是清除內在的雜訊，帶來身心靈的清醒，讓人更能平心靜氣、更能自我覺察，做事的效率也會更優良。

同時我也發現，當習慣了天天斷食之後，更能放下欲望與執著，內心也就更清淨。

我是魚素者，也就是只吃海鮮和蔬食，如此已經近三十年了，我的感覺確實就像那句英文諺語：「You are what you eat」，我們所吃下的食物真的會影響情緒與內在的運作。自從實行斷食法之後，我對於食物的選擇更無法輕忽，只要想到這些食物都會進入自己的體內，成為自己的一部分，就會覺得不能隨便吃下它們。

一日一餐讓我更有意識地進食，知道它們連結著大地與海洋、雨水和陽光，並且感謝那些食物提供給我需要的能量。

不過不是每個人都適合斷食，有慢性疾病或長期服藥的朋友千萬不要輕易嘗試。孕婦、老人、小孩或成長中的少年少女也不適合。

關於自己是否適合進行每日斷食，有許多專業醫師的網站或影片提供專業意見的參考，可以先去了解一下。而我的建議是最好循序漸進，所以有興趣試試看的朋友不妨先從一六八斷食開始。

某個熱愛美食的朋友聽了我的一日一餐經驗分享，頗不以為然地說：「可是吃這件事有樂趣的成分，為什麼要把這樣的樂趣減少呢？」

但是正好相反，我的樂趣並沒有減少，反而大大增加了。因為一天只有一餐，所以無論吃到什麼，我都會發自內心地歡喜讚嘆：「啊，好好吃噢！」

而且，也因為一天只有一餐，所以每一餐我都會用心地準備，務必要營養美味。如果是和朋友相約一起用餐，那麼更是萬分期待。

最棒的是，現在我不會再有因為擔心體重增加而來的罪惡感了，反正明天才有下一餐，那麼今日這一餐就愉悅地享受吧。

有一些人只能成為陌生人

人生有限，該把時間留給美好的相處，讓彼此成為支持對方的力量；至於那些無緣或是緣盡的人，就讓他們成為陌生人吧。

一個朋友最近離開待了二十多年的職場，因為我知道她很喜歡自己的工作，所以本來還以為她會黯然神傷，沒想到卻見她神清氣爽。

「太好了！以後都不必再看到那些不想見到的人了！」她歡呼著說。

朋友所在的職場競爭激烈，是一個充滿是非的環境。以她的佛系性格，那些是非雖然與她無關，但天天置身在一個人心複雜的能量場，久而久之還是會感到疲憊與損傷。她喜歡的是工作本身，但不喜歡一起工作的人。

離職是人際網路的有效過濾，在一夜之間去蕪存菁，從此閒人止步，不想再見的人都可以不見，不想再聽的是非也都可以不聽，頓時海闊天空，雲淡風輕。

我完全可以感受朋友輕鬆的心情，當時間過得愈來愈快也愈來愈少，就會更珍惜自己所擁有的時間與空間，同時也不願再把心力耗費在與他人無效的磨合之上。那真的很累，而且是自我生命的浪費。

總有一些人，你和他來往愈久，相處愈多，就愈覺得心灰意冷。

例如說，你把他當朋友，後來才發現他把你當人脈。

或者，你以為彼此無話不談，後來才發現你對他傾吐的那些秘密早就在外界流傳。

或者，你蒙受不白之冤，希望他能支持你，後來才發現落井下石的人就是他。

或者，他在你面前是溫暖的人設，後來你才發現，天啊，自己的背部竟然是他練習射飛鏢的靶心。

承認自己識人不清，和承認自己遇人不淑一樣都需要勇氣，而且需要的也都是斷絕來往的決心。如果其中有誤會，那麼無論如何都要解釋清楚，不要留下遺憾，但如果確定是背叛或欺騙甚至陷害，那就不要給對方第二次傷害自己的機會，趕快當機立斷，光速離開。

也有一些人，或許只是泛泛之交，但是你知道自己永遠不會和他成為好朋友。

例如說，總是要打探你的隱私的人。

或者，對於別人的苦難幸災樂禍的人。

或者，把尖酸刻薄當有趣的人。

或者，一切考量以他自己的利益為出發的人。

或是任何相處起來讓你感覺不舒服的人，就更不需要給對方任何親近你的機會，別讓那些負能量在自己的世界裡氾濫成災。

還有一些人，純粹就是日久情淡。畢竟歲月在走，人心在變，曾經很親密，不代表永遠都能交心。時間總是會改變一切，過去是好的，現在不一定好，曾經同行的，後來可能心意背離。

人與人之間的緣分本來就不是永遠，當一段情誼無以為繼、無疾而終，也只能放下、祝福，然後分道揚鑣，繼續前行。

清理衣櫥必須先丟棄再整理，否則再怎麼整理還是一片混亂擁擠，人際關係何當不是？如果不能與某些人保持不被打擾的距離，又怎能讓自己的內心清靜呢？

人生是從加法來到減法，到了現在這個階段，只想保留讓自己舒服的人際關係。就像不必再穿上感覺緊繃的衣服，也不必再與誰格格不入，就讓他們從我們的人生中漸漸淡出吧。

斷捨離是為了在生活中留下讓自己舒服的物品，使它們都成為支撐自己的力量，人際關係也是這樣啊，如果不清理的話，到處都是障礙煩惱，要如何清爽度日呢？

人際關係也該斷捨離，並不是所有人都可以當一輩子的朋友。有些人就是不值得當朋友，甚至也不值得當敵人，所以就放下，然後淡忘，從此別再有交集。

就像電腦檔案有一定的容量，生命也有使用期限，我們只能在有限的時間裡做有限的事、到有限的地方、與有限的人相處，所以認真去做真正想做的事、認真對待值得對待的人，除此之外，就別再給自己多餘的負擔了！

青春洋溢的時候身旁都很熱鬧，然而人來人往，到了人生的秋天，會留下來的朋友都是千錘百鍊，經過各種考驗；也都是真心相待，無須小心翼翼相互揣測，不必擔心會觸到對方的毛邊或踩到對方的地雷，相處起來特別愉悅自在。這樣的朋友已是一生的朋友，讓人發自內心地珍惜。這樣的關係不需要太多，也不可能太多。

當然也有一些人漸行漸遠，那麼就隨緣好去。來到人生中段，別再為人際關係費神傷心。

經歷的世事愈多，對許多事也就愈看得開，同時也愈不想勉強自己去和不對盤的人周旋。與其說那是因為討厭對方，不如說是寧願善待自己。

人生苦短，對自己應該更慈悲一些，無須為了維持表面的假和諧而硬撐場面，那太讓人疲倦。在神性的層次上，我們願意去愛每個人，但是在個人有限的空間與時間裡，必須有所選擇。當人生的長度愈來愈短，我們當然無須勉強自己去和惱人的人相處。這是一個很簡單的選擇題，答案清楚分明。

人生有限，該把時間留給美好的相處，讓彼此成為支持對方的力量；至於那些無緣或是緣盡的人，就讓他們成為陌生人吧。

這輩子不再做的5件事

那些不再做的事，不僅是對人生的濾淨與簡化，也是與自己的和解。

曾經有些事，你明明知道做了對自己好卻總是不做，或是反過來說，你明明知道不該做卻還是做了。以前的我就是這樣。

或許是那時還年輕，還沒學會如何好好與自己相處，所以往往心裡想的是這樣，做出來的卻是那樣。不是故意，也不是任性，而是自我未能真正統合，認知與行動之間有差距。

然而歲月的推移帶來自然而然的改變，就像時間到了，花就開了，果就落了，許多事我也漸漸地不再做了。

以下是我不會再做的五件事。

①不再熬夜

曾經三天三夜不睡覺都沒有關係，但現在只要比平常晚一個小時入睡，第二天就要付出慘痛代價，精神渙散，能量無法凝聚，做任何事都錯誤百出，一整天都毀了。

以中醫理論來說，子時（夜晚十一點到凌晨一點）走膽經，是內臟調節機能的時間，這時必須已在入睡狀態，身體才能進入修復狀態；丑時（凌晨一點到三點）走肝經，更是需要休養生息的時刻，畢竟若是肝不好，人生就是黑白的。熬夜對健康的損傷很難彌補，因此在該睡的時候好好去睡，太重要了。

再昂貴的保養品都不如充分且有效的睡眠，或者說，睡眠就是最好的保養。所以現在的我都是早早就睡，只要時間到了，不管手邊正在進行什麼都全部放下，栽進床鋪，睡好睡滿，然後第二天迎著晨光醒來。這樣才能一整天身心清朗愉快。

②不再不運動

年輕的時候總以為身體健康是天經地義的事，但那當然是一種幻覺，沒有什麼是理所當然的，健康尤其需要用心維護。一輩子真正和自己在一起的就是這個身體，怎麼能忽視它呢？

運動其實是一種與自己的身體相處的方式，找到一種喜歡的運動，讓自己維持在某種動態的頻率上，是活力的展現，所以有運動習慣的人看起來總是特別凍齡。與其吃一堆保健食品，不如好好去跳一支舞，去游幾圈泳，去公園快走一小時。運動所產生的天然腦內啡勝過所有化學工廠做出來的成品，而且還沒有副作用。

以前不喜歡運動，是因為不喜歡流汗，現在卻很享受運動之後那種大汗淋漓的感覺。那樣的清澈酣暢非常美好，而且內在焦距也會特別清晰。身心相連，當能量在肢體之間流動，也就會在心靈之內湧動。換另一個說法，身體是具體的靈魂，元氣充足，元神才會強。

不知道從什麼時候開始，我發現只要一段時間沒有運動，就會覺得整個人都萎靡不振，但運動之後，又立刻神采奕奕。身體是如此，你給它什麼，它就回報你什麼，所以有句話說：「你如何對待你的身體，你的身體就如何對待你」，還真是這樣。

③不再介意小事

以前很容易把一些小事放進心裡反覆琢磨，別人一個冷漠的眼神都會讓自己暗暗受傷，現在早已練就讓事情隨生隨滅的功力與定力，再也不會把別人的問題變成自己的問題。

日本曾經在二〇一八年舉辦「寺廟布告欄大賞」，讓各寺廟的住持為世人寫下金句，其中超覺寺住持所寫的這句特別發人深省：「除了死之外，其餘都是擦傷。」

真的，只要細細一想，就覺得除了生死是大事之外，其餘都是小事，都是生命中的經驗罷了。

遺失了一萬元，就覺得慶幸，還好不是遺失十萬元，或是遺失整個皮夾。

遇到無禮的人，也覺得慶幸，還好這個人不是自己的家人，不必天天與他相處。

結束了一段不愉快的感情，更要慶幸，還好還沒進入婚姻，否則不堪設想。

任何期待之事結果不如預期，還是要慶幸，上天一定把更美更豐盛的禮物放在日後等我領取。

無論什麼事，只要一轉念，不但可以看淡，可以放下，而且還能生出發自內心的感謝來。畢竟發生什麼事其實都是經驗，會影響心情的是我們對那件事的解釋。把自己的心變大，所有的事就都變小了。

④不再勉強自己

以前總是很難拒絕別人，因為不忍心讓別人失望，所以有時會做出超出自己意願的事來。現在明白，為別人著想是應該的，可是做任何事的取捨關鍵，都在於那其中是否有自我勉強的成分。

心甘情願才會快樂，如果其中有一絲絲不甘願，那就不要做。

不需要討好，而是發自內心地對別人好。如果不是從心裡全心全意發出來的，別人也是會感受得到的。那不僅為難自己，還會造成人與人之間莫名的心結，如此吃力不討好，何苦來哉。

所以不想說的話就不要說，不想做的事就不要做，不想幫的忙就不必幫，這並沒有對不起誰。待人以誠，待己也要以誠啊。因此，該說不的時候就說不。

不再勉強自己，也包括那些達不到的目標。真的，做不到就算了，放過自己吧。

⑤不再無謂社交

其實早就是這麼做了，一直以來，與其和一堆半生不熟的人輪流寒暄，我更喜歡與兩三好友相聚談心。我需要的不是人脈，而是朋友。現在更是如此，除非是自己真心想見的人、覺得有意義的聚會，否則沒有必要出門。

即使不出門，在家裡也是一樣，不必加入各種名目的群組，也不要花太多時間在社交網站上來回周旋。網路是新興社交，那雖然提供了一些樂趣，可是過度投入也會帶來不少困擾，甚至可能捲入莫名其妙的是非，維持一定的距離才能明哲保身。

寸金難買寸光陰，最昂貴的無非是時間，錢要用在刀口上，時間更是如此。不再無謂社交，留更多的時間給自己，也把更多的時間用來陪伴自己真正在乎的人，才不會辜負了自己，也辜負了珍貴的時間。

不再熬夜，不再不運動，讓我身心健康。
不再介意小事，不再勉強自己，讓我心情愉悅。
不再無謂社交，讓我生活清靜。
而以上種種不再，都讓我更愛自己。
那些不再做的事，不僅是對人生的濾淨與簡化，也是與自己的和解。於是我得到一個結論：愛自己，就是不再做對自己無益的事，不再為難自己。
因為不再為難自己，所以與自己的相處也就更和諧了。
你呢？有什麼是你不會再做的事嗎？

清理人生中的5個「不要」

因為不要，所以那些不想要的苦惱焦慮也就隨之淡去了。

不要再忙忙碌碌地過日子

疫情時代席捲全世界的大離職潮也捲到了我的朋友M身上，因為深感人生無常，而自己這一生已經花了太長的時間在工作上，接下來想隨心所欲而活，所以雖然還有好幾年才到法定退休年齡，M卻已不願繼續為工作鞠躬盡瘁，毅然決然離職了。

其實這並不是個偶發的決定，辭職這個念頭，M已經想了好幾年，疫情帶來的壓力只是催促M把想法化為行動而已。

「人生已經過了半百，前面那五十年大部分的時間都在為了學歷和經歷奔忙，後面也不知道還有多少年可以行動自由。所以從今天起，我不要再忙忙碌碌地過日子了，而是要把時間用來享受人生。」離職的那天，M感慨地說。

當然在離職之前，M已先衡量過自己的財務狀況，大致確定了資產和存款可以支撐接下來的生活所需，只要不揮霍度日，基本上不會有什麼問題。單身的好處就是一人飽全家飽，何況他的愛好在大自然，清風明月都是免費的。

離職之後，M終於可以悠閒地去爬山、去研究植物、去觀星，他說要趁著現在還有體力時去做種種以前他一直想做卻沒時間做的事。

「不要再忙忙碌碌地過日子」這是M在勞碌半生之後的不要，也是我的，除此之外，還有哪些是人生中段之後的「不要」呢？

不要虛情假意

人生過半也算見多識廣，所以誰是可以真心交往的朋友，誰最好敬而遠之，自己心裡也都有數了。

總有一些人與你來往的目的並非出於情感，而是出於利益。若是因為工作的互惠，那無可厚非，但離開工作領域之後，如果感覺對方並沒有把自己當成朋友，而是當成人脈在算計，那就謝謝別聯絡了。

真心的朋友是可以一起去做一些喜歡的事、開心的事，感覺彼此心靈的敞開與生命的成長。相互來往是因為發自內心地關懷彼此，若非如此，那麼各自安好就好。

最近在網路上讀到梅莉史翠普的一段話，十分心有戚戚：「對某些事情我不再有耐性，不是因為我變得驕傲，只是我的生命已到了一個階段，我不想再浪費時間在一些讓我感到不愉快或是傷害我的人事上。我不願去取悅不喜歡我的人，或去愛不愛我的人，或對那些不想對我微笑的人微笑。」

是啊，人生過半，朋友圈需要去蕪存菁，所以不要有任何虛情假意，也不要有任何勉強維持的表面關係。

不要活在過去

過去的都過去了，如果把種種不如意放在心上不斷琢磨，只是自我折磨。

歲月擴大生命格局與視野，讓我們學會對許多事不再耿耿於懷，即使曾經有些小虧小傷，但因為內在夠強大，那些虧損和傷痕都將成為生命的花邊。有些以前很難放下的事，現在都像在冰上跳舞，一個轉身就滑過去了。

其實無關是否原諒別人，重點在於我們決定不讓那些事繼續為難自己，決定不再把時間用在那些讓自己不好過的人事物上面。

而且，不只是不好的事別再耿耿於懷，美好的事同樣不必念念不忘。那些前半生的豐功偉業也過去了，無須把那些事蹟掛在嘴上。頻頻回顧過去，就會不斷流失當下。

不要活在過去，而是要常常把自己歸零，讓自己的心靈清澈，自我感覺才會輕盈。

不要憂慮未來

憂慮是一種沉重的情緒，一種對於未知的負面預支，會拖著人下墜。明明什麼事都沒發生，而且所擔心的事百分之九十九也不會發生，卻因為憂慮而讓自己陷入滅頂一般的情緒流沙裡。

身心相連，憂慮不只讓自己心情低落，也會製造種種疾病，所以保持樂觀就是一種養生。「喜樂的心乃是良藥，憂傷的靈使骨枯乾。」因此要常常以這句話提醒自己。

感到憂慮來襲的時候，就用祝福與感謝去轉換情緒。祝福你所擔心的人，祝福你所擔心的事，然後感謝一切都會是美好的發生，也相信一切都將是美好的發生。

人生來到中段，開心度過每一天就是一種成就，如果前半生已經受夠了自己莫名的憂慮，那麼現在就是把那些沉重的感覺放下的時候。把每一個當下過好，未來就會好。

不要不敢說不

人生最好的階段，就是可以隨心所欲，做自己想做的事，見自己想見的人，過自己想過的日子，然後成為自己喜歡的樣子。中年後的人生，已經儲存了一定的能量，來到收成的季節，應該就是這樣的階段。

反過來說，不想做的事就不要做，不想見的人就不要見，不想要的就說不要，可以無畏地表達真實的自己，才能成為自己喜歡的樣子。中年後的自己，對於要什麼與不要什麼都已經很清楚了，所以也需要清楚地設立自己的界限，保留更多的時間與空間給自己，日子才會過得清爽。

「不要」其實是一種對於人生的清理，因為不要，所以那些不想要的苦惱焦慮也就隨之淡去了，才能好好享受全然的放鬆與自在。

而你呢？親愛的朋友，想想看，有什麼是你不要的嗎？

可以失聯的前朋友

空間有限，時間何嘗不是？物質需要斷捨離，人際關係何嘗不是？

近日與三個朋友相聚，大家都有各自的感嘆。

朋友A上個月忽然接到認識多年但有一段時日未見的友人來電，對方親熱地寒暄半天之後，接著話鋒一轉，表示投資失利，問A是否能幫忙度過難關？顯然前面的熱絡只是為了後面要借錢所做的暖身而已，瞬間就澆熄了A的滿腔情感。

「我先前不只一次問候他，他都已讀不回，現在需要借錢才想到我，能不讓人心灰意冷嗎？」

朋友B也正為了一段多年情誼走到盡頭而心情低落，因為對方每次與她相約都遲到半小時以上。最近這一次甚至還忘了與她有約，讓她在咖啡廳裡枯等了一個小時不止，事後對方也沒有表示該有的歉意。

「這終於讓我痛定思痛，這段友情應該到此為止了！這麼不在乎和我的約定，表示他根本不在乎我這個朋友。」

朋友C則幽幽地說起某個友人對她的慣性嘲弄與頤指氣使，她一直把對方當成交心的閨密，如今才恍然大悟對方只是把她當成可以使喚的婢女。

「以前每次與她相處過後，其實我都覺得很不舒服，覺得她太盛氣凌人，但我也會自我安慰地找各種理由為她解釋，想說她個性就是那樣，是朋友就不要太計較了。可是我現在覺得，咦，我為什麼要那麼累呢？以後別再來往就好了，不是嗎？」

是啊，人生到了某個時候，對於誰將是一生的朋友，誰又根本沒有把你當朋友，心裡應該都已經很清楚了。

有人表面對你百般讚美，背後給你捅刀時卻一點也不手軟。

有人平常沒事，遇到利益相關時就很有事，總是想盡辦法占你的便宜。

有人可以接受你的平凡，然而當你表現非凡的時候卻無法真心為你開心。

有人在你躍升高位的時候眼冒愛心，一旦你離開那個位子之後就對你視而不見。

有人總是跟你說有多麼欣賞你，在關鍵時刻卻會毫不猶豫地出賣你。

有人雖然沒做什麼，可是在你被別人推進水裡的時候卻選擇袖手旁觀，還嘲弄你落水的姿勢不夠優雅。

而你曾經真心真意地把他們當成朋友。

每個人或多或少都有幾個傷心的故事，關於那些背叛你的朋友、陷害你的朋友、中傷你的朋友、暗射毒箭的朋友、扯你後腿的朋友……那些傷心的感覺不下於失戀的難過，在你發現真相的當下，往往讓你不寒而慄，甚至痛不欲生，不解別人為何要這樣對你，並且自責為何如此識人不清。

我也曾經傷心過幾次，不明白為什麼一片真心換來假意，不明白為什麼給出花朵卻得到荊棘。後來才慢慢懂了，人性裡有很陰暗的部分，有人自我保護的方式是犧牲別人，也有人就是喜歡踩你一腳讓你覺得疼痛，那個部分或許我們一輩子都無法理解，但至少可以保持距離，不再讓自己成為別人射箭練習的靶心。

後來也才漸漸釋懷了，對於那些沒有把你當朋友的人，傷心過後就把所有的感覺都收起來吧，連生氣都不必。畢竟生氣也要花力氣，那只是消耗自己的能量而已。

對一個人徹底心灰意冷的時候，再多的情緒都已經沒有意義，什麼也都不需要再說，從此絕交息遊，轉身離開就是了。無論以前曾經如何，現在都不重要，以後也不會再有任何往來，這樣就好。

不只是要斷絕那些會背叛出賣陷害中傷你的人，還有一些人也會讓你思考，這段朋友關係還要繼續下去嗎？

例如那種總是話中帶刺的朋友，三不五時就要在言語中戳你一下，你已告訴他這讓你不好過，而他下回又下下回依然如故。

例如那種會把你的隱私毫不在乎地拿來當成茶餘飯後和別人調笑閒磕牙話題的朋友。

例如那種十分自我中心總覺得你該遵照他的標準來行事的朋友。

例如那種充滿負能量對你的一切都要批評的朋友。

例如那種喜歡逞口舌之快老是故意曲解你的朋友。

這些朋友就像帶刺的毛衣，穿在身上只覺得像針扎一樣，一點也不舒服，所以何必再穿呢？朋友之間就是要相處得愉快舒服，如果相處起來只覺得在忍受，那又何必繼續委屈自己。

朋友也需要斷捨離，當看清了對方的時候，我們往往也更認識了自己。知道彼此不會再有美好的交集，這時不如隨緣好去，還給自己一片雲淡風輕。

空間有限，時間何嘗不是？物質需要斷捨離，人際關係何嘗不是？

交朋友不是為了自我為難，不是為了懷疑人生，該把時間和情感留給真心對待自己的人；也正因為不是所有的人都可以當朋友，所以那些善良的朋友、好相處的朋友、心地光明的朋友、具有同理心的朋友、真正把你當朋友的朋友，才更令人珍惜。

減法人生練習：再也不買的10樣東西

知道自己不再需要什麼，也就知道自己真正需要的是什麼。

最近我的朋友群中許多人不約而同地進行斷捨離，想來是因為疫情的緣故，在家工作的時間多了，所以更需要一個讓自己舒服的清爽環境。

「斷捨離」這個詞彙，來自日本雜物管理諮詢師山下英子所推廣的一套人生整理術，後來也成為她的暢銷書書名。她從瑜伽道場習得「斷行」、「捨行」、「離行」這套斬斷欲望、離開執著的修行哲學，思考人與物品的關係，進而歸納出一種提升身心靈的方法。

山下英子說：「斷捨離就是透過整理物品了解自己，整理心中的渾沌，讓人生舒適的行動技術。換句話說，就是利用收拾家裡的雜物來整理心中的廢物，讓人生轉而開心的方法。」

斷捨離的篩選物品原則，是以「現在」為時間軸，以「自己」為主體，只留下對於「現在的自己」最必要、最適合，仍有存在價值的物品，而將不需要、不適合的物品捨棄；這可說是一種不必整理的整理術，畢竟雜物都清除之後，留下的都是真正的必需品，連收納都省了。讓自己居住的家只存在適合自己的物品，如此一來，環境裡的東西都將成為支持自己的力量，這是斷捨離的奧義。

簡而言之，斷捨離不只是丟東西，更是一種人生的修行，那牽涉到身心靈的層面，久而久之，對物質的欲望會淡化，對人生種種也就不再那麼執著，可以更容易放下一切對我們已無用的過去。

我也是斷捨離的實踐者，尤其在人生過了一半之後，就更需要以減法過日子，否則物品只會愈堆愈多，生活也就拖泥帶水，心境也是。

因此，對於所有放進自己房子裡的東西，我都要思考再三，這個東西真的值得那個空間嗎？畢竟最昂貴的就是空間，與其在屋子裡放一張好看但無用的桌子，不如把那個空間留白給餘韻無窮的空無。我早已丟掉了電視和茶几，最近打算丟掉沙發。

除了捨棄不再需要的舊有，還要盡量減少新物，而以下這些物品，是我已經不會再買的東西：

①居家擺飾

對於這種東西的喜歡都是一時的心情，帶回家後擺上一段時間，就會漸漸視若無睹，再發現它的時候，只覺得占空間還沾灰塵，甚至破壞了視覺的和諧，令人納悶它存在的意義，最後的下場就是被丟棄。

②杯子

以前看到好看的杯子就忍不住下手，不知不覺竟累積了一櫃子，但後來發現會用的就是那一兩個，其他都是多餘的啊！

除了杯子之外，一切的鍋碗瓢盆也是這樣，當我意識到它們已堆成累贅，只好全數清除。少了那些琳瑯滿目根本用不到的器皿，廚房真的清爽多了。

③好看但不舒服的衣物

我曾經有一抽屜的高領毛衣，後來全部捐給二手衣物中心。如今回想起來覺得真是不可思議，以前怎麼可以忍受那麼不舒服的衣服？

除了高領毛衣之外，一切好看但不好穿的衣服與鞋子，我也都絕對不會再買了。穿在身上，會碰觸到肌膚的，一定要讓自己很舒服，否則就是和自己過不去。所以現在最注重的是材質，至於設計則是簡單就好，質感最重要。

為了不要堆積衣物，我規定自己買一件新的就丟一件舊的，所以每次購買之前就要先想好該丟哪一件，因此常常就把想買的東西放下了。因為我發現手上的新品並沒有比我原來擁有的更好，那麼何必買呢？這一招讓我省下難以計數的金錢。

④鮮花

我是個愛花人，以前總是喜歡把家裡到處布滿鮮花，如果手上有一千元，我會用八百元去買花，剩下兩百元買菜。但曾幾何時，我再也不買花了，因為再美的花過一段時間就凋謝了，整理殘花讓我感覺很淒涼。

另一個原因是家裡有了貓，而許多花對貓來說都是毒物，為了給愛貓一個安全的環境，所以最好不要把花帶回家。

現在的我依然是個愛花人，但寧可去看長在樹上枝上地上的花。與其買切花，我更願意買盆栽，因為盆栽裡的植物還會繼續生長，那種綠意盎然的生命力令人喜悅。

不過，雖然不再買花送給自己，我卻依然喜歡買花送給別人。畢竟花那麼美，把美帶給朋友，雙方都會感到歡欣；就像當我收到朋友送的花時，也會非常開心一樣。

⑤鐘錶

以前有一籃子各式各樣的錶，現在一支也沒有，甚至連牆上的掛鐘都丟了。手機與電腦就能顯示時間，而且我也不需要一直把時間戴在手上，或是掛在牆上，何必讓那滴滴答答時光流逝的聲音來逼迫自己呢？

真的，要活得放鬆，就別太意識時間。

⑥旅遊紀念品

過去每到一個地方，就覺得需要買個什麼東西來紀念自己曾經到此一遊，所以總會把當地的一些特色器皿帶回家。

但慢慢就覺得，那些東西不過是旅遊的碎片，並不能還原什麼，真正美好的都是當下的感受，而那些美好已經永遠停格在那個時空，不是任何紀念品可以替代的。

⑦同類化妝品與保養品

我的浴室裡曾經堆滿了瓶瓶罐罐，各種化妝品和保養品，自己都看得眼花撩亂，僅僅口紅就有幾十支，各種早霜晚霜也有十幾瓶，但根本用不完啊。那些瓶瓶罐罐常常堆到過期，最後變成必須丟棄的垃圾。

現在我所有的保養品與化妝品都是單數，用完之後需要再買，浴室變得很清爽，無形中也簡化了保養與化妝的步驟。甚至許多時候，清水就夠了，畢竟大部分的時間都在家，根本不需要化妝，而且過多的保養對肌膚反而是負擔。

⑧ **加購品**

到美妝店之類的商店，總有那種購買多少錢就可以加購的東西，但那往往不是當下需要的，買回家也不一定用得上。所以，買真正需要的東西就好了。

⑨ **特價品**

為什麼有特價呢？不就是為了促銷，這種東西的質感通常不會好，使用起來心情不會愉快，何必買呢？便宜但並不真心喜歡的東西其實是貴的，畢竟它們並沒有為我們的生活加分，因此花錢買特價品反而是一種浪費。

⑩ **收納盒**

因為東西少了，空間裡所擺放的都是現在正在使用的東西，收納盒這種東西自然是不需要了。

知道自己不再需要什麼，也就知道自己真正需要的是什麼。斷捨離的過程，也是一個認識自己的過程；面對物品就是面對自己，整理房間就是整理心境，從行動為心靈帶來變化與淨化。

施行減法人生就像去除身上的贅肉，是一種必要。居住的空間沒有堆積多餘的物品，才能讓能量順暢地流動，當生活清爽，心情也才能輕盈，心靈也就得到了自由。正如山下英子說的，去除不需要的東西，我們就從「看得見的世界」走向了「看不見的世界」。而歲月帶來的好處，就是過去難以割捨的，現在都很容易放下了。

你呢？有什麼是你不會再買的東西嗎？

無泡泡生活：戳破泡泡後的6種改變

但願年歲愈是增長愈可以回歸自然，日常與心境繼續朝著清爽的方向而去。

你聽過「Poo-free」嗎？這是在國外已行之有年的「No-poo」，也就是「無泡泡生活」，臺灣亦有許多人開始這麼做。「Poo-free」是「Shampoo-free」的縮寫，即是不使用洗髮精與任何護髮產品，只用清水洗髮。

我已實行好幾年了。一開始是因為聽說有人這樣做解決了掉髮的困擾，讓我心生好奇，於是決定也來實驗看看。我想知道，若是捨離那些洗護髮產品，我的生活是否可以更清爽，頭皮是否可以更健康？

幾年的親身體驗下來，我覺得Poo-free確實好處太多，所以很想來分享自己在這方面的心得。

① 省水

因為只用清水洗髮，所以省了沖掉洗髮精、潤絲精與護髮乳的過程，用水量大大減少。

② 省時

以前洗一次頭髮，總是花很多時間在沖去那些洗髮精的殘留，潤絲與護髮又需要另一套程序，現在這些時間全都省了。

③ 省錢

過去我都買那種有機草本的洗護髮精，而這些專櫃產品價值不菲，自從實行Poo-free之後，也就持續地省下了這些錢。再說選有機又草本的產品就是希望不要傷害髮質，但真正可以完全不傷害髮質的唯有清水。

④ 省空間

沒有了那些各式各樣、各種名目的洗髮精、潤絲精、護髮產品，現在的浴室空間很清爽。需要在外過夜時，也不必再帶上一堆瓶瓶罐罐，增加行李箱的重量，心態上與實際上都輕鬆多了。

⑤ 環保

就算再怎麼宣稱天然有機的工業產品都還是有化學成分，Poo-free不但可以完全避免那些我們其實並不明白的成分對身體造成的影響，還可以避免那些化學物質與界面活性劑進入下水道，分解出壬基苯酚，產生環境賀爾蒙，汙染水源，破壞河川與海洋生態。

而且工業生產出來的瓶瓶罐罐大多都是塑化製品，對環境帶來的危害一言難盡。

⑥ 健康

最重要的是，除了保護環境之外，自己的頭皮真的比以前健康了。掉髮明顯減少，髮量維持在剛好的狀態。髮質強韌，吹整後自然蓬鬆，也更柔順。還有，不再有發癢與頭皮屑的困擾。

說了以上種種好處之後，也一併分享我自己Poo-free的步驟：

梳髮

身子前傾，用大梳子把頭髮往前梳一百下，梳時要從左到右或從右到左均勻地梳。然後站直，再把頭髮往後梳一百下，一樣要梳得均勻。

洗髮

用指腹輕輕按摩頭皮，接著用蓮蓬頭沖髮，往前沖約兩分鐘，再往後沖約兩分鐘，把剛才梳出來的油質都沖去。反覆二到三回，如此即可。是不是好簡單呢？

也許最簡單的才是最好的。如果一時還不能習慣不用洗髮精，不妨從減少用量開始，或是先把少量洗髮精用水稀釋過後再洗。記得水溫不要太高，因為過熱的水會讓頭髮乾燥。

Poo-free會經歷一段排油期，畢竟不再使用洗護髮產品就是一種戒斷，而頭皮必須習慣只用清水沖洗的過程之後，才能達到天然的油水平衡。排油期的長短因人而異，許多人就是因為熬不過這個時期而放棄。

我自己並沒有受到這個階段的困擾，甚至不記得經歷過這個階段。而無論有沒有難捱的排油期，只要持之以恆，頭髮都會漸漸變得清爽，即使很長一段時間沒有洗頭都不會油膩，也不會有異味。

在Poo-free一段時間之後若是再使用洗髮精，頭皮會感覺刺癢，那就像已經習慣吃素的人不小心吃到肉一樣不舒服，可見得洗髮精裡含有的化學成分對於頭皮確實是有刺激性的。

✿

另外，與Poo-free一起實行的，是我也不再用沐浴乳了，一池清水就很好。把自己全身浸泡在清水中，享受那種全然的溫潤，那是真正的淨化。

和洗髮精一樣，我原先也花了很多錢購買昂貴的沐浴用品，也和洗髮精一樣，再好的沐浴乳亦不可能純天然無添加，對於比較敏感的肌膚來說，那些化學成分會起什麼作用自己都不知道。

自從只用清水洗浴之後，我發現最大的改變是以前冬天常有的乾癢問題完全消失。這應該是戒斷了沐浴用品，身體反而會自然地處於油水平衡狀態。也因為身體表面不再乾燥，所以連身體乳液也不用了。

還有，現在我也只有在需要出席正式場合才會化妝，而只有在卸妝之後才需要使用洗面乳，日常則只用流動的清水洗臉。把水龍頭打開，捧著水在臉上潑三十下左右就算完成。

洗完臉後的保養步驟也盡量簡化，只有保溼水和乳液。原先各種琳瑯滿目、需要七八道程序的保養品已是明日黃花。

如此兩年多下來，皮膚有沒有變得比較好我也不敢說，但少了那些塗塗抹抹的層層堆積，日子真的過得更自在輕盈了。

自從過著無泡泡生活之後，無論是洗臉還是洗浴，都和洗髮一樣，省水省時省錢又省空間。擺脫那些瓶瓶罐罐，不只是生活上的斷捨離，也是心境上的自由。

但願年歲愈是增長愈可以回歸自然，不受制於外物，日常與心境繼續朝著清爽的方向而去。

舒不舒服比美不美麗更重要

一切好壞都是自己的選擇，其實沒有誰能阻擋你，只有自己能還給自己一片雲淡風輕。

偶然之間看見一些自己的舊照片，心裡不禁堆滿問號，為什麼以前會穿那種緊身高領的毛衣？而且我記得它們還占了整整一層的抽屜。天啊，那樣緊貼著皮膚，而且又是毛料的材質，只是看著都覺得窒息，但是從前的我竟然會把它們穿在身上，為什麼那時要這樣和自己過不去呀？

也許以前身材比現在曼妙，穿那種衣服能顯出身段，但就算現在還有舊時的曲線，我也絕對不會再穿上那種衣服來折磨自己了。卡在脖子的高領是要讓人怎麼順暢地呼吸？

然後我又想起，以前有很長一段時間總是穿著超高的高跟鞋，而且是細跟的那種，重心微微前傾，走起路來戰戰兢兢，只為了讓自己看起來可以更修長，即使如履薄冰也甘之如飴，如今回想起來一樣是不可思議。

現在的我再也不可能像以前那樣，為了好看而甘願忍受任何不舒服的東西了。我早就丟掉了那些高領毛衣和高跟鞋，其他所有使用起來不順心不順手的東西也一概棄如敝屣。從某個時期開始，對我來說，舒不舒服比美不美麗更重要！而這一個簡單的改變，其實是整個人生的轉變。

當舒服與否成為一種選擇的標準時，不僅決定了物質的去留，也決定了人際關係的斷捨離。就像沒有必要穿上讓自己不舒服的衣服一樣，也沒有必要勉強自己和感覺不舒服的人相處。

朋友之間如果不能暢所欲言，在對方面前如果不能自然地掉淚或是毫不掩飾地開懷大笑，一起吃東西的時候如果沒有覺得東西變得更好吃，有對方作伴如果不能放心自在，那還不如一個人獨處更來得愉快。

朋友之間尚且如此，親密關係就更不用說了。如果兩個人在一起的時候不是開心，而是煩心；如果在對方面前必須小心翼翼；如果相處起來有各種磨合，像是穿著高領毛衣一般緊繃窒息，也像是穿著不舒服的鞋子一樣如履薄冰，那更是何必如此？寧可和自己在一起就好。一個人的舒服自在，遠勝過兩個人的荒涼寂寞。

然而以前可沒有這樣的灑脫，那時面對感情總是拿得起卻放不下，在去留之間心中永遠千迴百轉，往往要在一段充滿磨難的關係裡百般煎熬，直到奄奄一息才離開。為什麼年輕的時候總要如此和自己過不去呢？如今回想起來真的很不明白。

四十歲那年，我送給自己的生日禮物是一個覺悟：「不再受苦。」我決定不再為難自己，所有讓我難受的東西統統都不要了！從那時開始，我毫不留戀地丟掉了一切讓我不舒服的東西，也包括那些不愉快的關係，以及與那些關係有關的回憶。

那些回憶也像是令人窒息的高領毛衣和讓人戰戰兢兢的鞋子，需要一起斷捨離。而在過了人生的某個階段之後，這麼做並不難，到了一定的年紀，就自然而然地突破了某個關卡，要放下什麼都很容易了。

不再受苦，不再讓自己不舒服地過日子！因為這樣的一個覺悟與決定，於是不知不覺當中就和自己達成了和解。

而且也終於徹底明白，一切好壞都是自己的選擇，其實沒有誰能阻擋你，只有自己能還給自己一片雲淡風輕。一旦選擇從今以後要善待自己，什麼該丟、什麼該留，就再清楚不過了。

善待自己，就是把自己覺得不舒服的物質、關係和記憶都出清，不再讓那些磕磕絆絆、絲絲縷縷來自我為難。如此一來，所留下的都是取悅自己的，人生變得簡單且清晰，一切都豁然開朗，再也沒什麼欲走還留的模糊地帶，再也沒什麼好糾結煩心。

因為自己在舒服的狀態，所以周圍的世界也就和諧起來，自然會形成一個愉悅的氣場，讓別人也覺得舒服。

還是愛美，但是對美的看法和以前不一樣了，舒服就是一種美，美麗的也會是令人舒服的，因此自然地接受歲月的變化就好，也接受每一個當下自己真實的樣貌。

真的不必拚命讓自己維持在虛假的年輕裡，那種不自然往往只令人感到僵硬而已。

無論如何都必須柔軟地對待自己，才能和自己舒服地相處，而還有什麼關係是比和自己的關係更重要的呢？所以就算青春不再，年華如逝水，我還是更喜歡現在的自己。

終結沉沒成本：該丟就丟，該放手就放手

在該放手的時候無法放手，原先的甜都會轉成苦；對於曾經的付出堅持要討回來，也只會失去更多。

又是桂花飄香的季節，那清甜幽雅的香氣十分悅人，很適合安撫這個多事的秋天。

回想起來，多年前我也曾經有過一株桂花，每年秋天我都期待她開花，總是殷勤地為她澆水施肥，但她從來不開花，因此我的期待也每年都落空。後來她慢慢變得無精打采，看起來奄奄一息，我只好把她帶到山上去，讓天地來接手照顧她，也許在朝暉夕陰與雨露風霜中，她可以得到天然療癒的滋養，重新活過來。

想想我與這株桂花之間，不就是人際關係的某種象徵嗎？付出不一定有回報，該放手的時候就要放手，彼此才能得到快樂與自由。

但人生最難看破的是情感，許多人往往在筋疲力盡的時候，仍堅持著某種

負面的執著，無論如何都不願放手。如此愛恨交織，進退不得，只是讓自己更難受而已。

一位女性友人年輕的時候遇到情傷，對方無意再繼續，而她卻不願接受戀情結束的事實，依然百般示好，對她來說那是不離不棄的給予，但是對對方而言卻是不堪其擾的糾纏。

於是她的愛慢慢變成了恨，她覺得自己付出的都白費了，而這一切都是對方的錯，因此後來花了很長的時間都在想著如何報復對方並付諸行動，把自己的時間、心力、金錢以及剩餘的青春全部賠了進去，那些行徑與恐怖情人無異。旁人紛紛勸她放下，但她說不甘心，不能不討回來。

然而那段感情就是結束了，是要討回來什麼呢？她要的無非是對方像她一樣痛苦，可是在那個處心積慮的報復過程裡，她只是繼續延長了自己的痛苦，並且因為付出更多而更不甘心於是更痛苦，最後終於生了大病，也丟了工作。

那個男人有沒有因此不好過我不知道，我看到的是我的朋友為此付出很大的代價，人生陷落在自己一手編織的網羅之中，結果是自己都無法好好過活。在該放手的時候無法放手，原先的甜都會轉成苦；對於曾經的付出堅持要討回來，也只會失去更多。一直在某種負面的追究裡，耿耿於懷自己給的那麼多，但別人都沒有相等的回報，因此感到心理收支不平衡，百般怨恨懊惱，不斷地捲在其中煎熬，然而別人根本無動於衷，只是自己繼續付出更多的沉沒成本而已。

「沉沒成本」是一個經濟學名詞，指的是「已經付出且不可收回的成本」，這個名詞總是讓我彷彿看見一個人誤入流沙，然後不斷下陷，最後滅頂那樣的畫面。原意應該是指那種不當的投資，而我覺得以它來形容人際關係裡的某些狀況也很符合。

人與人之間，你情不一定我願，太多的時候付出與得到是不成比例的，因為這不是打羽毛球，並非一去就有一回。對於人際互動要有在河流裡放紙摺船的心理準備，你無法預知它是否一帆風順，而且要能接受有去無回。

不僅愛情如此，朋友關係、家人之間，也是一樣的。盡心盡力地對待別人，結果別人並不感謝，也不珍惜，都是常有的事。若是為了別人對自己的回應不如預期而悶悶不樂，那只是不斷累積自己的內傷而已。

畢竟許多時候，你所給予的不見得是對方想要的，就像你也曾經面對他人的關懷卻只覺得厭煩一樣。人心永遠變化難測，每個人當下生命的內在狀態，也不是旁人可以理解的，縱使是相交多年的朋友，或是骨肉手足，都有彷彿陌生人般難以親近的時候。

所以，每一次的用心對待，都不要期待別人也用他們最好的狀態回應自己，不然難免失落。

人際關係有時像是一株不開花的植物，就算付出再多，也得不到芳香，若是這樣，也只能放下了。

我想說的是，情感不該是一種交換，不是我付出多少，你就要回報多少，如果從交換的角度去看人際關係，就會在得失之間斤斤計較，終究是無法快樂的；但若是因為在意而不好過，就承認自己過不去，然後下定決心放手，離開那個失落的情境，別讓自己繼續陷落在無止盡的沉沒流沙裡。

隨著年歲漸長，在各種人際情感之間有過各種歷練之後，應該會有這樣的了悟：沒有什麼關係是比和自己的關係更重要的！只要把這樣的前提放在所有關係之前，就不會為了別人而過度煩惱。

所以，在「自己要快樂」和「別人要回報」之間若是只能二選一，還是選擇自己的快樂吧！

就像做任何事都要心甘情願才有樂趣一樣，和別人相處也是如此，對別人好是因為自己願意，而不是為了別人理所當然也該對自己好。因此感受那種付出的美好就好，若是因為得不到別人的回報而生氣懊惱，那就看穿其中的不值得，停止無止盡的付出，別再花更多的時間心力在這種煩惱上，別再付出更多的沉沒成本。

光陰有限，該用更多的關注來和自己相處、取悅自己、讓自己開心，這樣才能在人生的秋天裡，好好感受桂花清雅恬淡的香氣。

把世界變大的勇氣

我們其實都比自己所以為的更有能量，都有一個充滿無限可能的自己，都有權利掌握自己的人生方向盤。

一個五十六歲的女人，在當了三十年的家庭主婦之後，她檢視自己的人生，發現自己一直都在為別人付出，卻沒有得到任何重視與珍惜。無愛無趣的婚姻和自私吝嗇的丈夫讓她非常不快樂，因此她想要有所改變。看到別人一人一車四方遊走的影片，她很嚮往，也決定付諸行動，於是先是花了一年的時間學習戶外生活的知識，並存錢購買長期旅遊的裝備。然後有一天，她帶著退休金上路了！這個已經當了外婆的女人開著自己買的車，自炊自食、自得其樂，沿路拍攝影片並上傳網路，短短一段時日就聲名大噪。

她看起來就像一般的普通婦女，是你去傳統市場買菜時會遇到的那種帶著土拙氣質的大嬸。她所拍的影片十分平實，完全不是網美那種花稍路數，她所說的也是一般的鄉井語言，可是只因為那種改變現狀的決心與實踐的行動力，就讓她打動了無數人心。我在知道她的故事之後，也立刻被圈粉了。

這位貌似平凡的女性實在太酷了啊！她做到了絕大多數的人都做不到的，活出了自己想要的樣子。她沒有陷落在無聊日常與無愛婚姻的怨艾裡，而是蓄積自己一個人駕車旅行的能量，並且決定不受年齡與性別的種種限制，時機成熟時就毫不猶豫地從生活中出走，離開日復一日的困局，把自由還給自己，把自己投入未知，這需要無比的勇氣，而這樣的勇氣多麼動人。

很多人，尤其是女人，總是為身旁的人付盡一切，不曾為自己而活。如果一輩子都能心甘情願、不求回報，那也罷了，若是不免在夜闌人靜時獨自感傷，那麼心裡的空洞總會愈來愈大，然後終有一天會感到內在的破碎。

一直在支持別人，卻忘了支持自己；總是照顧家人，卻很少照顧自己。就像一座不斷被挖土去蓋他人房子的山丘，久而久之終要面臨崩塌。

忘了是哪一部電影裡，一個女人在女兒們都成年之後，毅然決然地搬離了家，到另一個地方獨居。女兒們輪流去勸母親回家，因為家中還有老父需要照顧，那個男人在妻子離開之後，生活就陷入癱瘓，連一雙襪子都找不到，但這位鐵了心的女性淡淡地說：「我已經當了三十年的妻子與母親，夠了。從現在起，我只想當我自己。」

她在自我崩塌與離開現狀之間選擇了離去，即使女兒們對她都不諒解，但她依然不為所動。我很久以前看這部電影時，和那些年輕的女兒一樣，並不能明白她的選擇。等到自己也有了年紀，才懂得她心裡那種只想和自己在一起的需求，時間不多了，再不任性就來不及了……

是啊，再不做自己想做的事、再不過自己想過的生活，那要等到何時？

做自己是需要勇氣的，因為那表示自己可以完全照顧自己，完全對自己的人生負責，同時也不再承擔照顧別人的責任，而這樣的勇氣展現，不僅在於決心，更在於實踐的行動力。若只是在心裡想，卻沒有任何行動，過了十年、二十年，很可能還是繼續困在原來的狀態裡，不會有任何改變。

改變一個讓自己不快樂的現狀，不一定是分手或離異，只要把更多的時間留給自己，學習一個人的獨立，離開某種耗損自我的現況，能量就會注入，個人狀態也就會開始有所不同。

我的某個朋友常常在和她的先生大吵之後，自己一個人開車出去散心，直到平靜了才回家。那讓她不會在盛怒之下說出「我們離婚吧」這樣的話來，因為在兩人情緒高漲的當口，一時的賭氣可能會成為日後的悔恨。她的行動力讓她得到暫時離開的自由，而不是困在兩個人的僵局裡，讓火爆的場面更失控。

另一個朋友雖然有丈夫孩子，但她每年都會為自己安排一場單獨的旅行，那讓她可以離開被人妻與母親身分綑綁的情境，釋放內在那個渴望自由的自己。那樣的旅行也讓她在回家的時候，能夠當一個更快樂的人妻與母親。

還有一個已經重回單身的朋友，從前出入都是依賴別人接送，現在到哪裡都是自己開車，山間海邊說走就走，無須與誰配合，只管自己開心。她曾經半開玩笑地說，她的結婚證書五年就失效了，但駕駛執照卻終身有效，所以後者比前者實用多了。她還說，自己掌握方向盤的感覺真好，不必遷就別人，可以完全決定自己要去的地方，這讓她覺得自己充滿能量。

方向盤只是一個象徵，那代表的是個人自主的行動能力，也代表了心靈的自由與獨立。所以會不會開車其實並不是重點，真正重要的是，當你不喜歡自己所處的情境時，可曾想過可以如何改變？並且是否真的付諸了行動？

就像那個享受自駕遊樂趣的女人，當了三十年的家庭主婦，而她決定不再被整天對她冷嘲熱諷甚至暴力相向的丈夫繼續惡待，從此一個人雲遊四海，從鄭州到西安，從四川到雲南，目前也一直在路上。她不但有了自己想要的自由自在，還有了一個人也可以好好過的自信。她看了很多風景，見識了許多新鮮事，也認識了許多新朋友。當她把自己的世界變大了，個人的煩惱就變小了，過去長期存在的抑鬱也就消失了。她不但治癒了自己，還鼓舞了許多人。

人妻、母親，或是其他角色，都是人際關係裡的身分，對這些身分的認同，是否局限了對自己的認知？我們其實都比自己所以為的更有能量，在種種的身分之下，每個人都有一個充滿無限可能的自己，都有權利掌握自己人生的方向盤。

所以想做的事就去做吧！只要有實踐的勇氣，踏出第一步之後，後面的路就會走出來了。

輯三 不必將就

人生中必要的9種擁有

這些人生中必要的擁有就像早晨的陽光一樣，可以讓自己與世界相處得更和諧，也讓自己更充滿平靜與喜悅的能量。

忘了從什麼時候開始，我養成了一種習慣，每日天色微亮即起床，簡單梳洗過後，就在陽臺上靜坐。我的陽臺正對著東方，所以清晨的太陽就在我的眼前從山的那頭散射升起，而我在靜心之中感覺陽光照耀著我，漸漸從溫柔到暖熱，身心靈因此得到淨化與更新。

①要享受早晨的陽光

早晨的陽光是最強大的宇宙能量，讓我可以毫無保留地接收汲取；晨光也是最好的療癒，能夠增強免疫能力、促進血液循環、改善新陳代謝、預防骨質疏鬆。每天這樣在晨光與涼風中靜坐一個小時到兩個小時，總是讓我從內心深處湧起無限的喜悅，也讓我思緒清晰，創作靈感不絕。
晨光中的靜坐使我的每一天都有了美好的開始，而且可以用平靜的心情來面對接下來的一整天，不必服用任何保健食品，自然就神清氣爽，因此這是我的不可或缺。
而我也不禁要想，還有什麼像晨光帶來的能量一樣，對我而言是人生中途必要的擁有呢？也許就是以下這些吧。

②要有情同家人的朋友

人生無論如何都要有可以交心的朋友，不必在一起生活，也不必住在附近，可是心靈卻很靠近，彼此都有一定的了解，在對方面前也都能坦然呈現真實的自己。這樣的朋友相處如同家人一般，可以放心與信賴。
家人是先天的緣分，決定在天，朋友是後天的緣分，選擇在己。擁有情同家人的朋友，快樂有人可以分享，煩惱有人可以商量，才不會感到孤單無助，畢竟我們都需要被愛被支持。

③要有讓心靈沉澱的私人空間

這個空間裡的每一樣東西都是為自己布置的，置身其中時會感覺和諧與安適，所以，在這個可以完全安心的空間裡，讓內在沉澱，讓寧靜降臨，完全地和自己在一起，好好獨處，好好放鬆，好好補充流失的能量，然後再好好出發。

④要有與大自然對話的閒情

無論以前日子過得多麼馬不停蹄，當人生來到秋天，都該讓自己緩慢下來，去感受山林的深邃，去面對大海的遼闊，並且從中得到屬於自己的領悟。大自然教會我們謙卑，同時也讓我們知道，許多煩惱不過是滄海一粟，一笑置之就好。

大自然中充滿天然的療癒力，置身其中，只要能夠敞開自己去感受那份寧靜，即可修復疲累的身心，帶來生命的更新。能擁有與大自然對話的閒情，就會看見眼前這個世界是如何豐美與無私，而自己的生命又是如何富有，恩寵滿被。

⑤要有關心其他生靈的良善

《聖經》裡說：「你們用什麼量器量給人，也必用什麼量器量給你們。」

人生很像是一支迴力鏢，放出去的總會再回來。如果生命中充滿美好的事物，那必然是因為自己先對其他生靈付出了愛與慈悲。

眾生平等，善待流浪動物與接濟需要幫助的人，在愛惜生命的本質上都是一樣的，都是發自內心的悲憫，這樣的良善其實是一種能力，因為自己的內心是盈滿的、是有愛的，才能給予。

⑥要有與世界共好的行動

如果這個世界可以因為自己的存在而更美好，自己與外在的環境才會有美好的連結。與世界共好的行動不一定是要去完成什麼英雄偉業，一些沒沒無聞的小事就是踏實的累積，例如認真地做好垃圾分類，或是不要喝瓶裝水、不要過度包裝、不要帶給這個地球更多的汙染，就是與世界共好的實踐。

⑦要有學習新知的熱情

學習新知可以讓自己保持年輕，在一個新的領域裡探索，展開接收的觸角，感覺自己正在與一個新世界接軌。那樣的專注與好奇會帶來活力，也會讓人內在更飽滿，對外的表現更有自信。

有新的事物注入，生活才有流動，才能成為向前的河流，而不是僵滯原地的池塘。別讓自己故步自封了，那是衰老的開始。

⑧要有衷心喜歡的興趣

有些人離開工作就不知如何排遣自己，但工作只是人生中的一個階段，終有一天要從職場離開。所以該有一件工作以外的事，與利益無關，與回報無關，與任何他人也無關，卻可以讓自己投入其中，並且得到發自內心的快樂；而這樣的快樂，已超越金錢的報償。

⑨要有一顆懂得感謝的心

有一顆懂得感謝的心，就不會為了個人一些小小的不順而陷落在怨艾裡。凡事感謝的人看出去的世界都是光明美好的，凡事抱怨的人則永遠覺得被全宇宙虧欠。

基於吸引力法則，感謝的人會吸引更多令人感謝的好事，抱怨的人則會吸引更多讓他抱怨的壞事。所以相信每一個今天都會有好事發生，就從擁有一顆懂得感謝的心開始。

到了人生的秋天，雖然需要斷捨離，用減法過日子，卻也有一些不可或缺的事物不但要繼續保持，而且比以前更重要；這些人生中必要的擁有就像早晨的陽光一樣，可以讓自己與世界相處得更和諧，也讓自己更充滿了平靜與喜悅的能量。

10項養生習慣，你打勾了幾項？

擁有一顆因為感謝而喜悅的心，或許就是最好的養生吧。

讀到一篇文章，據說是全球統計的十大養生習慣，從第十名依序往前排，這引起了我的興趣，我有點好奇自己達成了幾項？所以現在就來看看吧。

第十名：多吃堅果

我向來喜歡堅果，尤其知道這是抗老食物之後就更喜歡了。我常吃堅果，打勾！

第九名：少吃紅肉

過多的紅肉會引起許多心血管方面的疾病，適量的紅肉卻可以補充蛋白質，但我不吃陸地上的肉類已經近三十年了，因此這項算是不及格嗎？

第八名：經常吃魚

雖然不吃陸地上的肉類，但我吃魚，也就是所謂的「海鮮素」或是「魚素主義」。魚類一樣可以補充蛋白質，而且營養價值更高，多吃魚還可以提升記憶力和免疫力，所以打勾！

第七名：常曬太陽

陽光有助於維生素D與鈣質的吸收，還能預防多種疾病、增加代謝能力、減低罹患失智與憂鬱症的機率，帶來好心情。以中醫理論來說，人體的五臟六腑全靠陽氣支撐，而曬太陽就是最好的補氣。

我喜歡曬太陽，尤其是早晨的陽光。在晨光中靜坐，感覺來自宇宙的能量，感覺自己充滿光能與熱能，那是整個身心靈的幸福，打勾！

第六名：多多用腦

大腦要常常使用才會活化，所以玩一些益智遊戲，例如填字、數獨，或是學習一種語文，常常接觸各種新知，對腦力都是有幫助的。在這方面，我想我可以打勾！

第五名：勤做家事

做家事被列為一種養生，是因為做家事的過程也是對大腦的鍛鍊，而且還能帶來身心的放鬆。在《家事的撫慰》這本書裡，家事更是成為一種療癒，而我讀來心有戚戚焉。每當在做家事時，我都覺得自己在愉悅地勞動，畢竟為自己整理一個舒適的環境是一件快樂的事，整理環境也就是整理心境，所以打勾囉！

第四名：學會傾訴

學會傾訴也是一種養生，這很有意思。確實啊，可以傾訴心中的塊壘，才不會把很多事積壓在心裡，壓成了鬱悶。傾訴時往往會把一些內心更深層的想法帶到意識層面，那也是一種自我思緒的整理，所以常常不用等別人回應，自己在傾訴的當下就有了答案。

但我發現自己其實並不太會對別人傾訴，遇到困難都是自己默默面對，因為我總覺得要靠自己想通、解決，不好去煩擾別人。然而書寫也是一種傾訴，那是我習慣的方法，只要有一支筆和一本筆記簿，我就可以和自己密談，好好整理自己內心的藤蔓，所以這題也可以打勾吧！

第三名：午睡片刻

十五到二十分鐘的午睡可以改善腦供血不足、修復腦細胞、降低心血管疾病風險、提高記憶力、預防中風、保養眼睛、提升免疫力，以中醫的說法，午間小睡片刻還可以養心。我知道午睡的好處不少，但就是沒有這個習慣，所以這題只能打叉了。

第二名：經常步行

南懷瑾先生曾經說過：「一個人生機的消逝，往往從腳部開始。」所以走路是必要的養生方式。

我喜歡走路，天天散步。對我來說，散步是一種動態靜心。走路的時候，風景在流動，自己的身心也在流動，那種感覺就像穿越了經過的世界，把過去的一切都留在身後。往往走著走著，內心愈來愈平靜，知道一切終將過去，於是所有的煩惱都成為天邊雲煙。步行是我和自己相處的美好時刻，只要給我一段路就可以天涯海角地走下去，打勾！

第一名：多吃蔬果

蔬菜水果裡有各種身體所需的維生素與微量元素，而蔬食本來就是我的主食，每天都會吃五到七份的蔬果，打勾囉！

雖然這十項養生習慣並沒有說出統計的依據與相關研究單位，所以來源還有待考證，但無論如何，把它們當作一種對自己的提醒總是有益的，畢竟身體是永遠和自己在一起的，怎麼能不好好養護愛惜？

我有個朋友每天躺在床上準備入眠時，都會一一對他身體的各部位表達感謝：謝謝眼睛讓我看見萬物，謝謝耳朵讓我聽見美好的音樂，謝謝雙手讓我可以完成想完成的事情，謝謝雙腿帶我走去想去的地方……就這樣在感謝中緩緩進入夢鄉。這個朋友是個身心健康、常常都很快樂的人，我想這和他習慣性地感謝自己的身體有關。

另一個朋友把這招學了去，她本來對自己的身材和樣貌都充滿挑剔，但在天天感謝身體的過程裡，也漸漸不再以嚴苛的標準看待自己。因為她領悟到健康最重要，自己的身體有在好好地運作，沒有罷工、沒有出錯，就已經是值得千恩萬謝的幸福了。這樣的認知，讓她擺脫外貌焦慮，學會和自己和諧共處。

身體是靈魂居住的聖殿，我想，能接受、愛惜與欣賞自己的身體，並且擁有一顆因為感謝而喜悅的心，或許就是最好的養生吧。

而這十項養生習慣，不妨做為一種對自己的提醒，別忘記要善待自己。好好吃飯，好好休息，好好走路，好好曬太陽，好好放鬆，好好愛自己。

做該做的事，也做想做的事

過日子不是只有該做的事，還有想做的事，那是讓一個人從內在發光的開始。

有一天，我問一個新認識的朋友：「妳最喜歡做的事是什麼？」

她想了半天，答不出來。也許「最」是需要考慮的，於是我改了問句：「那妳覺得做什麼事會讓妳開心？」

她依然猶豫，許久才說：「我身旁的人都平安沒事，這樣我就很開心了。」

那是另一個層次的問題，但我問的不是這個呀。

「嗯，那妳自己呢？只管自己，不必去想別人的話，做什麼事會讓妳快樂呢？」

她又是想了半天，臉上一片茫然。「每天過日子不就是那樣，就做該做的事啊。」

該做的事和想做的事是不一樣的，我只好再換一個問句：「那妳想要快樂嗎？」

「當然哪！」這次她回答得很快：「快樂誰都想要吧！」

想要快樂，卻不知道做什麼事能讓自己開心，顯然我的新朋友先前沒有想過這個問題。也許我們有時也會像這個朋友一樣，總是很關心別人，卻很少關注自己，但知道自己喜歡做什麼，這其實是一件很重要的事。

所謂喜歡的事、可以讓自己快樂的事，並不是指派對度假之類的尋歡作樂，也並不是指追劇、逛街、滑手機之類的事。以上種種雖然有它們的樂趣，但缺乏心靈的提升，只能算是一時的享樂。我所說的是那種可以讓人投注心力與熱情的事情，是那種內在豐盈、心靈滿足的快樂。

一個朋友在離開職場之後，插班考進大學哲學系，讀起了康德和尼采。她早就有了商學碩士學位，以大一身分重回學生生活，處在一群活潑熱鬧的大學生裡，年齡與同班同學的父母們同輩，她卻一點也不會感到尷尬。因為她喜歡哲學，想要深入研究各家學說，那種心情超越現實的一切。雖然眼力和記性都不如年輕的同學，但她是全班最用功的學生。她也不必擔心畢業以後的就業問題，因此可以百分之百只為了自己的喜歡而讀書。她說專注投入於書堆之中那種廢寢忘食的感覺實在太美好。

一個朋友重拾小學學過但中學以後就中斷的鋼琴，認真地拜師學藝，從徹爾尼練習曲彈起，現在已經在彈蕭邦和德布西。她說小時候練琴是被大人逼的，只覺得心不甘情不願，現在是她自己要彈的，因此不但從不缺課，每天練琴更是一天中最快樂的時間。她總是沉醉在自己的琴音之中，琴藝與心靈相偕出神入化，那種悠然忘我的當下，讓她有一種內外合一的喜悅。

一個朋友用美麗的布料做了許多布娃娃，那些娃娃可愛又漂亮，各有表情和姿態，精心設計的衣裝十分時尚，還搭配著迷你的帽子、鞋子、手提包與小陽傘，令人看了就覺得好療癒。有人問她是否想過辦個手工娃娃展？也有人問她可曾考慮架設網站來販售？她都謝絕了。她只是單純地喜歡做娃娃而已，不是為了得到別人的肯定或稱讚，更不是為了想要得到金錢的利益。她說在專心地縫剪拼貼之中，所有的煩惱都沒了，那是她的靜心時刻，而其中的快樂已是最大的獲得。

一個朋友愛上騎單車，從自家附近的河濱公園開始騎起，漸騎漸遠，漸騎漸有信心。一年後環島，後來還騎到海外去了，日本北海道、法國勃艮地，都有她的單車痕跡，而她下一個要去騎行的地方是美國大峽谷。單騎走天涯的方式去認識世界讓她覺得好酷，年歲雖然一年復一年地增加，她卻覺得自己一天比一天更年輕。她說那種不斷地把流過的風景拋在腦後的感覺就像正在與自己談戀愛。

這些朋友都活得熱情帶勁，臉上都有明亮美麗的光采，因為她們找到自己喜歡做的事情，在其中發現了一個更好的自己。

每個人都能找到那種可以投入熱情的事情，感覺自己在其中所產生並運轉的活力與能量，那會讓人湧起發自內心的喜悅，那樣的快樂無可取代。

快樂不會從天上掉下來，而是要從自身去尋找。可以自得其樂的人，往往也是可以與自己相處愉快的人，只要在獨處的時候有讓自己喜歡的事可做，自己就會成為那個快樂的源頭。

不計心血成本，不管投資報酬率，不必配合別人，也沒有競爭輸贏。去做那件事只因為你願意、你喜歡、你高興；只因為那會讓你感覺自己活著、呼吸著、存在著。這種快樂是接近出神狀態的喜樂，彷彿與某種更高意識的連結，是內在無限的拓展，令人渾然忘我，煩惱全拋。

找到一個可以投注熱情的方向，去做自己喜歡的事，去累積快樂的能量，會更感覺內在的敞開，也會因此而更喜歡自己。因為那會觸動到自己的內心深處，帶來寧靜與清暢，自我感覺也就因此不一樣。

一個人只要找到一件自己喜歡的事情，就會擁有某種人生的核心與生活的重心。那並非屬於現實中非做不可的事，不做並不會死，但那卻是與自己的內在對話，是了解自己的過程，做了更可以感覺活著的美妙。

過日子不是只有該做的事，還有想做的事，那是讓一個人從內在發光的開始。

到了相當的年紀之後，你一定會發現人生最珍貴的是時間，所以應該任性一些，把時間用在讓自己快樂的事情上，並從中得到生命的活力與心靈的滋養。

若是可以從任何平凡小事中得到快樂，即使洗碗掃地曬衣服都覺得開心，那是另一種境界，是心靈本身就有源源不絕的喜樂。而在達到這樣的境界之前，給自己列一張快樂清單，去發現讓自己快樂的事，去尋找一個通往快樂的途徑，那也是一種愛自己的方式。

所以何不現在就想想看，什麼是可以讓你投注熱情去做的事呢？

如果完全不需要考慮就知道什麼事能讓自己開心，你一定是個懂得愛自己的人。若是還需要仔細想想，那麼親愛的朋友，就從此刻開始去發現吧。

成為現在的自己所喜歡的這個人

無論有沒有成為從前的自己想要成為的那個人，我們總是可以成為現在的自己所喜歡的這個人。

前些日子在一場聚會中，朋友K說起青年時期的理想後來並沒有實現，讓他在每一個午夜夢迴時分都覺得耿耿於懷。「怎麼不知不覺就成為現在這個樣子了？平淡無奇，一事無成。」伴隨著這句話的是一聲長嘆。

就像大多數這個年齡的中年男子一樣，K有妻有子、有房有車，還有一份穩定的工作，可是他對自己並不滿意。「真的沒什麼成就可言！到了這個年紀，要成為成功人士已經來不及了。」

那麼K對成功人士的定義是什麼呢？「像我的老闆那樣呀，有錢有名又有權。人家在我這個年齡早就已經創建了他的帝國，我到現在卻還在領人薪水，唉！」K說著又長嘆了一聲。

另一位朋友R對這個話題也頗有感觸。「是呀，有時我也會覺得灰心，懷疑自己是不是做了一個失敗的選擇？」

R在幾年前厭倦了辦公室生涯，成立了個人工作室，但收入表現始終不如她的期待，會感到失望也是難免。

在人生中段回顧來時路，盤點自己所成就或未成就的一切，有些人也許像我的朋友K和R一樣，會浮現不合己意的失落情緒，感嘆時間過得愈來愈快，和成功的距離也就愈來愈遠，因此心生焦慮。

但是，什麼是成功？這個社會對於成功顯然有一套標準，就和K對他老闆的形容一樣，有錢有名又有權。然而那只是一般約定俗成的看法，並不是真理。

我曾經在一本書裡讀到一條小知識，說是一隻蜜蜂終其一生只能收集一茶匙的花蜜。於是我不禁要想，若是這隻蜜蜂非常努力，收集到了兩茶匙的花蜜，是否就是蜜蜂界的成功楷模呢？或是這隻蜜蜂懶散了些，只收集到半茶匙的花蜜，是否就是一隻失敗的蜜蜂呢？

對於人類來說，一茶匙的花蜜一口就喝完了，但對蜜蜂而言，那可是牠一生打拚累積的結果！如此辛苦值得嗎？不如當一隻蝴蝶，在花間自在悠遊。

人類看蜜蜂是這樣，可是若從更大的維度來看，一個人兢兢業業了一輩子所成就的人生，那些打拚累積而來的財富名望與權力，對於更高的存有來說，或許也只是一口花蜜而已。

蜜蜂終其一生都在收集花蜜，人們終其一生又在收集什麼？如果從花蜜的累積多少來看人生的成功與否，未免也太徒勞與空虛了。

畢竟那些都是身外之物，可能一直得不到，也可能得到了又失去。就算沒失去，再多的財富名望和權力也並不等於心靈的喜樂與自由，以此來界定個人的成功或失敗，也就充滿了與他人競爭比較的心態，往往會成為充滿焦慮與挫折的自我壓迫，對身心健康都有不良影響，也是許多人不快樂的原因。

那麼我們是不是可以自己來決定什麼是成功呢？

沒理由不行啊，人生是自己的，當然可以為自己想要的成功下定義。在有了一定的年紀與智慧之後，無須再人云亦云，也無須再以社會眼光評斷自己。

我對於成功的人生是這樣想的：在任何狀態中都能平靜喜悅，帶著愛以及覺知，與自己和諧相處，也與他人、與世界和諧相處。

因此我心目中的成功人士，是那種在任何時候、置身任何環境，都安然自在的人。他們知道自己的獨一無二，也達到了內外平衡與自我統合；他們不會與別人比較，也不會以階級意識去對待他人；他們先從內在達成了自我的和諧，與外在的一切也就能和諧共處；也因為他們所散發的那種平和寧靜的氣場，所以與他們在一起總是令人如沐春風。

很有意思的是，這樣的人雖然並不刻意追求財富，但他們往往不缺金錢，因為內在沒有匱乏，外在也就有豐盛的顯化。他們也總是樂意利他，願意給予，而宇宙法則是你給得愈多，得到的也就愈多，因此他們在精神層面與物質層面都是同步富足的。

這樣的成功是一條長遠的內在道路，必須以一生去探索。比起追求外在功名，這條內在道路並沒有比較容易，畢竟人生中時時刻刻都充滿了各種對於心性的考驗與挑戰，但它值得以一生的時間來修為來行走，來成為這樣的自己。

從什麼角度看待成功，也就從什麼角度看待自己的人生，人們對成功的定義，其實也就是對於理想自我的描繪。所以，親愛的朋友，你會如何為成功下定義呢？

前兩天我又遇見R，她說後來想想，覺得不該懷疑自己是否做了失敗的選擇。「雖然我的工作室並沒有豐厚的收入，但我的時間完全由我支配，我也做著自己真正想做的事，這樣的自由已經是最好的報酬。我已經得到了我要的，只要這樣一想，我就覺得開心了。」

是啊，只要做著自己想做的事，就會在快樂的能量中自我提升，就會活成自己想要的樣子，這不就已經十分美好了嗎？

無論有沒有成為從前的自己想要成為的那個人，我們總是可以成為現在的自己所喜歡的這個人，而還有什麼是比這更好的成功呢？只要帶著愛與覺知，人生就不會一事無成。

這5句話還是別再說了吧

說話不過就是將心比心，如此而已。

「是非總因多開口，煩惱皆為強出頭。」人生經驗愈多，愈覺得這句話真是至理名言。

我們都曾經遇到過那種說話時總是夾槍帶刺的朋友，也不知道那是心直口快還是故意戳人，總之三番兩次被他的言語螫痛之後，就寧可保持距離，以策安全。

反觀自照，或許自己有時無心的一句話也可能暗傷了別人卻渾然不知，甚至因此失去了一段友誼還不明白到底發生了什麼事，所以不可不慎啊！

說話是一門學問，可能讓人如沐春風，也可能讓人如臨寒冬。因此我常提醒自己，如果不喜歡被他人的言語戳刺，自己說話的時候就要有意識與覺知，讓人不悅的話不說，給人感覺負面的話也不說。對我而言，那是待人處世最基本的體貼。

而有些話乍聽無傷大雅，卻可能埋著地雷，會讓人覺得受傷，無論如何也是別再說了吧，例如以下這幾句話：

①你應該……

你應該穿亮色的衣服，不然氣色不好。

你應該留短髮，不年輕了啦，長髮看起來沒精神。

你應該多運動，看看你現在的身材，嘖嘖。

你應該找個伴，一個人很可憐耶，以後誰照顧你？

你應該……

這樣的發語詞未免太惱人，「你應該」有一種斬釘截鐵的權威感，也許我們以為是一番好意，可是別人心裡的OS卻是：「我高興啊，要你管！」

別人要如何過自己的人生，那是別人的自由，真的不需要為別人下指導棋。

除非別人徵詢自己的意見，否則盡量不要主動給予建議。因為那就像是把別人根本不需要的東西硬塞過去一樣，對別人來說都是多管閒事，只是徒增困擾而已。

②別想太多

若心神不寧，思想即是地獄，如果可以暫停思緒，誰不願意？問題就是無法不去想啊！煩惱縈繞心頭的時候，或是情緒低落不知如何是好的時候，聽到這句話，並沒有被鼓勵，感覺到的只是更深的委屈。

「別想太多」是要一個能量低迷的人去做他無能為力的事，雖然出發點是安慰他人，收到的卻可能只是反效果。「別想太多」並不溫暖，倒像是一盆冷水，讓人覺得自己沒有被理解與支持，而是被責備了。

與其要別人別想太多，不如建議別人如何轉念。念頭一轉，或許就可以豁然開朗。既然無法不想，就創造另一條正能量的思想軌道，那樣會更有建設性，也才能真正幫助別人。

③你懂我的意思嗎？

這句話偶爾說說無妨，若是成為口頭禪，每段話都要以此做為結語，聽多了真的令人心頭著火。

頻頻要確定別人懂不懂自己的意思，這到底是什麼意思？是懷疑別人沒在專心聽自己說話？還是懷疑別人的理解能力？這句話不但充滿了對他人的不信任，而且隱隱有一種階級感。因為這要別人怎麼回應呢？「嗯，我懂。」、「是，我明白。」如果不想這麼唯唯諾諾地回答，只好保持沉默了。

也許這句話的背後是對自己的不放心，不確定自己有沒有把話說完整，那麼與其頻頻追問別人：「你懂我的意思嗎？」不如謙遜地說：「希望我有表達清楚。」而且，說一次就很夠了，真的。

④ 你不了解

別人當然不了解，畢竟誰都不能完全理解另一個人的處境與感受，但這句話一拋出來，就像是設立了一個禁止通行的柵欄，阻斷了彼此的溝通。

你不了解、你不明白、你不懂、你懂什麼？所以你別說了，你說再多也是白說，因為你又不了解。

這句話是直接否定別人的善意，別人就算有再多想說的話也只好噤聲了，所以除非是真心想堵住對方的嘴，這句話還是別說吧。

⑤早就跟你說過了

這通常是說在別人發生壞事的時候，但是別人已經很難受了，還要再聽到這句話，簡直雪上加霜。

「早就跟你說過了」，這句話的涵意是：「看吧，誰叫你不聽我的話，現在好了吧……」這其中有嘲弄，有責備，甚至還有一點點的幸災樂禍，誰聽了會好受呢？

這句話同時也表示「我早就想到了，你卻沒想到」、「我早就明白了，你卻不明白」，在別人焦頭爛額的時候還要這樣自我標榜，這不是落井下石嗎？所以還是快別再這麼說了！

我有個朋友說話時總是不經思索，常常傷了人而不自知，事後有人提醒他說話小心，他卻不以為然，還說自己就是心直口快。但誰有必要忍受他的口沒遮攔呢？為了不要生悶氣，大家當然是紛紛與他保持距離，而他至今仍不明白朋友總是不長久的原因。

我在少不更事的時候說話也是隨心所欲，現在則對於每一句從我口中吐出的話都很有自覺。因為我早已明白語言是一種能量，會產生各種作用，可以讓人溫暖，也可以使人心寒。我希望自己說出的每一句話都是美好的，如果不能讓人感到正面的能量，至少不要不小心就傷了人。

總之，說話的時候把別人當成自己，說自己想聽的話；若是自己不想聽到的話，就不要對別人說。我想，說話不過就是將心比心，如此而已。

不要輕易說加油

說一聲加油很容易，但是不說有時反而是一種體貼的展現。

一個朋友受到病痛的折磨，已經開了很多次的刀，卻始終無法真正去除病灶，她在臉書上表達自己的痛苦，底下的留言紛紛加油，朋友無奈地回覆眾人：「是要加什麼油？加油繼續忍受痛苦？還是加油冒險再開下一次刀？我已經承受不起了，所以拜託別再喊加油了！」

雖然別人的加油是好意，但是對於正在承受痛苦的人於事無補，於是那些口號式的加油就成了空洞的語言，很可能只是讓當事人覺得刺耳。

我沒有留言說加油，而是送出一顆心，表達沉默的關懷。這並不能減輕對方的痛苦，但表示了陪伴與聆聽。

說一聲加油很容易，但是不說有時反而是一種體貼的展現。

當一個人付出許多努力，得到的卻是連連的挫折，或是當一個人處於身心煎熬的狀態之下，只覺得一籌莫展、無計可施的時候，聽見別人一句輕描淡寫的加油，可能只會讓他們的心情更灰暗、更委屈，說不定還覺得憤怒；因為加油意味著「你可以更努力」、「你應該更積極」、「你還有進步的空間」，這會讓他覺得「我已經盡力了，你卻覺得我做得還不夠」、「我明明就這麼累了，你卻覺得還不是休息的時候」、「你真的不明白我經歷了什麼」。

這世界上有許多事情不是努力就可以得到的，例如得到一個志同道合的伴侶，或是得到一個可以自我實現的機運，又或是得到一個健康的身體，在當事人求不得的當下說加油，只是讓他們更難過而已。

這世界上也有許多人已經過度努力了，努力到甚至變成了焦慮，再對他們說加油，也只是讓他們更焦慮而已。

對於別人的痛苦，我們無法真正地感同身受，除非自己也在相同的處境，

否則是不能完全體會的。因此，你以為是鼓勵對方，其實卻是適得其反；你以為是一番好意，結果反而成為別人的壓力。我們常常以為自己給出了蘋果，別人拿到的卻是檸檬。

我曾經也是個常常對別人說加油的人，但在某一次的爬山經驗之後，才發現這句話不該輕易說出口。

那次我和兩個朋友去爬山，快要走到山頂之前，已經去過高峰而折返的人和我們擦肩而過時，都會好心地說：「加油，快到了！」那提振了我們的精神，相信目標就在前方。這樣的加油就很溫暖，是一種有效的打氣。

後來我不慎拐了腳，痛得眼冒金星，根本不能走路，只能倒在一旁哀號，這時卻有路過的陌生人拋來一句：「加油啊！」雖然是同樣的鼓勵，卻只讓我覺得眼前的星星更多，腳也更痛了。

我並非怪責對方，畢竟人家只是路過我，不知道我發生了什麼事，但在痛得齜牙裂嘴的當下，我最不需要的就是這樣不明就裡的鼓勵了。

我們常常也只是路過別人，不會明白對方經歷了什麼，所以也不會知道一句加油，給出的究竟是一陣暖，還是一根刺。

加油是一門學問，不是不能說，而是什麼時候說。在別人為了達到目標而充滿能量與幹勁的時候說一聲加油，會提振士氣，但是在別人痛苦難當或疲憊萬分的時候，有口無心的「加油」兩個字，很可能只會讓人覺得這根本是風涼話。

我不會輕易對別人說「加油」，就像我不會輕易對別人說「節哀」一樣。對於一個很悲傷的人來說，並不需要節哀，需要的是好好地釋放；對於一個已經很疲憊或是很焦慮的人而言，也不需要加油，需要的是好好地放鬆。

如果一定要說什麼，我會這樣告訴對方：

「暫停也沒關係，不要給自己太多壓力，先休息一下，先放鬆一下，你已經夠努力了，也已經盡可能地做到最好了。對於現在的狀況不要太擔心，沒有什麼是永遠的，一切的不順總會過去的。」

更多時候，在他人情緒低落或身心皆很痛苦的當下，只要聆聽與陪伴就好。言語有時很多餘，並不能帶來任何有效的安慰，所以寧可保持善意的緘默，而專注的聆聽與陪伴就是一種慰藉。如果可以，再給對方一個深深的擁抱。這樣就好。

許多時候，我們也需要如此對待自己。暫停也沒關係，躺平也沒關係，不努力也沒關係，不繼續往前走也沒關係。尤其是走過了春天，也走過了夏天，一路來到人生的秋天，更值得好好休息一下。所以，如果已經很疲憊了，就把自己放鬆開來，累積了足夠的能量，想上路的時候再上路吧！

你喜歡現在的自己嗎？

能夠喜歡現在的自己，就不會在意自己有沒有得到別人的愛慕。

雖然每個人的經驗都是獨一無二的，快樂與痛苦也是不能比較的，但是發生在我的朋友H身上的故事，令人覺得命運對待她似乎特別嚴酷。

那很像是一個壞編劇寫出來的狗血劇本。H的前夫在她懷孕時有了外遇，她一直不知情，直到另一個女人找上門來，H才知道發生了什麼事。在對方無禮也無理地激動拉扯之下，H流產送醫，小孩沒保住，婚姻也破碎了。前夫竟然在她仍躺在醫院裡，身心皆嚴重受創的時刻逼迫她離婚，還說他必須盡快和另一個女人結婚，以免對方想不開。這樣一個集合了欺騙、背叛、掠奪與傷害的劇情，在H的生命中真實上演。

H度過了一段萬念俱灰的時光，但她後來決定不要繼續陷落在這段悲慘的人生情節裡，因此她重拾學生身分去讀了研究所，後來找到全新的工作，展開和以前截然不同的人生道路。如今的H自在自信，充滿智慧，而且依然美麗，當她說起過去的事，並無任何怨尤，而是平靜。

「如果沒有經過那些事，就不會有現在的我。我喜歡現在的自己，所以不想再怨恨過去的他。」

喜歡現在的自己。當一個人在遭遇摧殘打擊之後，還能由衷說出這樣的心聲，就表示人生目前的一切都來到了和諧的狀態，而自己也已與過去得到和解。有真正的自信才會發自內心地喜歡自己，生命如魚得水時也才有閒情與心情來喜歡自己。

喜歡現在的自己，就是喜歡自己的現狀，因此這也表示，現在的自己正過著自己想要的生活。如果現在的生活過得不好，心情也不會好，連帶地很容易去怨恨那個曾經對自己不好的人。

換句話說，唯有當自己過得好，才能真正對過去釋懷，把怨恨放下。可以放下一切愛恨怨尤，也就不再與對方的能量連結，在能量場的運作裡才不會因為對方的存在而引起自己任何波動。這種心靈上的切割，是必要的重生。

就像H一樣，我身旁有許多在情傷之後願意釋懷，因此活得很精采的單身女性，她們的共同之處就是比起過去年輕的時期，更喜歡現在的自己。

但也有經過一、二十年，對於前塵往事依然怨艾，對於現在的自己則百般自憐的朋友。她們總是不喜歡自己的現狀，話題永遠充滿各種抱怨，即使生活再優渥，心裡還是苦味十足。她們彷彿一直活在過去的時間裡，看不見當下的人生風景。

為什麼會有這樣的不同？除了個性使然以外，我想還與個人所關注的方向有關。若關注的方向是向內的，凝視的對象是自己，能量都聚集在每一個現在，自己就會愈來愈好。

若關注的方向是向外的，在意的是那個曾經對不起自己的人，而過去已無法改變，因此只會覺得對於一切都無能為力。這樣的無力感就轉而對現狀不滿，所以什麼都不喜歡，當然也不會喜歡現在的自己。

歸根結柢，喜歡現在的自己有一個很重要的前提：無怨。無怨就不會以受害者自居，不會陷落在某一段自傷自憐的人生情節裡。當不再覺得自己是無助的、是被辜負的，才能滋生完全屬於自己的勇氣與力量。

那麼要如何喜歡現在的自己呢？

不與別人比較，會讓你喜歡現在的自己。

比較總是帶來羨慕或嫉妒種種情緒，那種自己低人一等的感覺是一種自我折磨。比較也可能帶來優越或驕傲，那並沒有比較好，因為那樣的情緒後面還是自信的缺乏。每個人都是獨一無二的，真的不需要比較。

為自己去做每一件事，會讓你喜歡現在的自己。

心甘情願很重要，如果一件事是心不甘情不願去做的，必然是有氣無力的，那會衍生許多負面情緒，造成能量低落，這樣是不會喜歡自己的。

若是為了別人而做，心情隨著他人是否肯定自己而上上下下，這樣也很難發自內心地喜歡自己。

運動，感覺身心的合一，會讓你喜歡現在的自己。

運動自然能量充沛，消除疲勞與憂鬱，產生帶來愉悅感的腦內啡，自我鍛鍊也會累積更多自信。喜歡自己，不妨從喜歡自己的身體開始，因為身體就是一個人具體的心靈。

知道自己的無上價值，好好善待自己，會讓你喜歡現在的自己。

這個世界上就只有一個自己，而且也只有這個自己會永遠和自己在一起，若是不能善待自己還能善待誰？若是無法喜歡自己又還能喜歡誰？所以，好好吃飯，好好睡覺，好好過日子，把自己當成一朵世界上獨一無二的花好好照顧。

喜歡現在的自己，這真的比現在有沒有別人喜歡自己重要太多了。或者該這麼說，能夠喜歡現在的自己，就不會在意自己有沒有得到別人的愛慕。

在青春貌美的時候喜歡自己看似理所當然但其實未必，因為這時往往是透過他人的眼光意識到自己是令人愛悅的，像是有燈光的照射才確定了自己的光芒，此時的光源來自外在。一旦光源消失，自身的光芒也就消失。

當不再青春也失去美貌時還能由衷地喜歡自己，這時喜歡的是自己的真實狀態、自己的智慧、自己的善良、自己的優雅，光源就在自己心中，並且不會因為外在的評價而動搖甚至熄滅，這才是真正的自信。

而這樣的自信，是經過種種人生的風浪，仍一無懸念地選擇無怨前行，並且明白沒有任何人有能力真正傷害自己，也知道只要自己願意就會比昨天更好。如此對自己的相信，是歲月換來的禮物。

你有快樂的權利：9件時時提醒自己的事

親愛的，無論你愛的人快不快樂，你都有快樂的權利。

與好友見面一起喝茶，這是個舒服的下午，她看起來卻憂心忡忡，細問之下，原來是她的女兒近來失戀，年輕的生命陷入低潮，有抑鬱的傾向，而她因為擔憂女兒，自己的心情也十分低落。所以即使喝著她最喜歡的玫瑰茶，也感覺不到其中的芳香。

我完全可以同理那樣的心情，為了所愛的人不快樂，自己也快樂不起來。一切所思所想都圍繞著對方打轉，擔心憂慮不斷疊加，於是心情愈來愈沉重。

其實這世界上的苦難何其多，戰爭、饑荒、病毒、絕症……與那些迫人的痛苦相較之下，所愛之人所遭遇的或許不過是一縷輕煙，只要一個念頭轉換，所有的失落就能消逝在一瞬之間；然而只因為那是自己深愛的人，所以就不能接受對方不快樂、不開心、不幸福。

與好友的下午茶結束之後，我還繼續想著她對女兒的憂慮，想著人與人之間的關係，想著關係帶來的牽絆與影響，也想著人的單獨，想著自己和自己的關係。身而為人，該如何在自我與摯愛之間得到平衡呢？於是我拿出隨身的筆記本，整理自己的思緒，歸納為以下幾點：

①每個人都是單獨的個體

你是你，他是他，就算你們是家人，是兄弟姊妹，甚至是母子母女，是彼此最親愛的人，你還是你，他還是他。

②每個人都有必須獨自完成的生命路徑

沒有完美無缺的人生，自己的生命總有需要面對與解決的難題，自己所愛的人又何嘗不是如此？人活著總會受傷，但傷口正是讓光進入內心的地方。

快樂並不是唯一有益的情緒，人生本來就是要去經歷各式各樣的經驗。孤獨也好，痛苦也罷，都可以帶來生命的成長。就算是你的至親摯愛，他也有他獨特的生命路徑，而他將在其中找到屬於自己的生命意義，那不是任何人可以給他的，只能靠他自己去尋找與完成。

③別人的心情不是自己的責任

再愛的人也是別人，他的不快樂並不是你造成的，他的心情也不是你的責任。可以關心，但不必過度擔心，不需要把自己和對方的心情綑綁在一起。

④陪伴支持比擔憂牽掛更重要

聯繫彼此的是愛，而不是負面的情緒。讓他知道你愛他，當他需要的時候，你隨時願意陪伴他與支持他，這比擔憂牽掛更重要。

⑤尊重對方靈魂的決定

愛可以很涉入，也可以很超然。涉入是幫助對方解決困難，但許多時候，對於他人的痛苦，我們是無能為力的，就算再親再愛的人也一樣，必須超然以對。

所謂的超然就是，你知道對方的靈魂需要去經歷一些歷練與痛苦，而你尊重他靈魂的決定，願意放手讓他去完整經歷這個過程。這不僅是尊重，也是信任，因為你知道對方有足夠的能力可以度過種種考驗，也相信他會因此而更強大。

⑥與其憂慮，不如祝福

與其擔憂對方，不如相信對方會愈來愈好，把負面的心情轉化為正面的能量。相信對方會更好，這樣的信念就是給對方最好的祝福。有任何喜悅開心的事情都在心裡分享給你所愛的人，這也是一種祝福。

⑦先把自己照顧好

先把自己照顧好，你所置身的世界才會變好，因為你才是自己世界的核心。當你的核心穩固了，外在的一切自然將會和諧運轉。也唯有自己好好的，才有能力幫助周圍的人，才能給予你所愛的人支持與力量。

⑧憂慮只會吸引憂慮

基於吸引力法則，喜悅吸引喜悅，憂慮吸引憂慮，所以停止種種無謂的憂慮吧。你的擔憂對他沒有幫助，只是拖累自己而已。

相反地，當你快樂起來，周圍的一切也將明亮起來。

⑨這只是一時，並非永遠

事情不會永遠都是這樣，一切都在變化之中。過了一段時間再回頭看，就會明白這都只是生命的歷程而已，並非結果。你所愛的人目前經歷的只是人生中的一段，他的未來還有無限的可能。

我們總是對我們所愛的人有很深的執著，但從靈性的角度來看，那樣的執著其實是一種無明。

人生不只要看淡、看開，而且還要看穿，我們與他人之間的緣分也許是摯愛、是血親，但我們並不知道前世的彼此是什麼樣的關係，有什麼樣的業力。若來生不想再經歷業力的纏縛，那麼此生就要學習看穿，並且在該放下時放下。

「親愛的，無論你愛的人快不快樂，你都有快樂的權利。」

於是我把這句話用通訊軟體傳給好友，希望能寬慰她因為女兒而低落的心情，同時也以此提醒自己不要那麼容易為所愛的人憂心。關於這一點，我想我們都需要學習。

偶爾自私：10項想到就幸福的私人清單

給自己列一份私人幸福清單，這是讓自己快速離開沮喪失落的方法。

以前很容易傷春悲秋，常常會因為外界的風吹草動而影響心情，後來懂得了靜心之道，靜坐和瑜伽讓我穩定安寧，再加上歲月的淘洗讓我學會對許多事情一笑置之。如今已經不再輕易心生波瀾，但偶爾還是會有低潮來襲的時候。

而每當感到沮喪失落，我就會打開我的私人幸福清單，逐條檢視我所擁有的美好：

① 我有一幢完全屬於我自己的小屋

擁有屬於自己的空間，完全和自己在一起，對於像我這樣日常被寫作與閱讀占滿的女子來說太重要了。自己的小屋是安心的所在，無論在外遭受了什麼，只要回到家來就能把所有的風霜雨雪都隔絕在門外，這是無可取代的幸福。

②我有一個可以好好泡澡的浴缸

沒有電視沒關係，但一定要有浴缸，因為心情不好的時候好好泡一個澡真的好重要，躺在一池熱水中，所有的疲倦困頓都被溶解了。浴缸總是可以承接我的消沉，讓我感到被支持、被療癒、被洗滌，身心煥然一新。

③我總是一躺上床很快就能進入安眠模式

學生時代的我曾經慣性失眠，所以我很明白沾枕即睡是多麼可貴的恩典，每晚都能好好地入眠太幸福了，那和整個身心的平衡與健康都息息相關。

如果你有失眠的困擾，不妨試試腹式呼吸，這種呼吸法或許也可以讓你在三分鐘之內就啟動安眠模式。

④我和我自己的身心相處和諧

學生時代的我也曾經一天到晚胃痛牙痛，偶爾還有頭痛神經痛，種種疼痛時時如影隨形，因此我很明白不是因為疼痛而「感到自身的存在」，就是一件值得千恩萬謝的事。

身心相連，身體不舒服的時候，心靈也很難安寧，所以能夠身心和諧地運作日常真的是大大的幸福。

⑤我的口袋裡總是有著可以買下我所需要東西的錢

雖然算不上富裕，可是我擁有的總是我夠用的。如果奢侈一點，想要一趟旅行或是買個禮物送給自己也不是問題。

每年我也總有餘裕可以布施或捐獻，去幫助需要幫助的人或流浪動物。有能力愛自己也給予別人，我覺得很幸福。

⑥我擁有全然的自由

興致一來，我就可以去走山徑、去看電影，甚至去外地過夜旅行。所有的時間都是我的，想做什麼當下就可以去做，不需要與誰商量，也不需要配合別人，這樣的自由自在對我來說是千金不換的。

但是這樣的自由也是用很多東西交換而來的，所以更讓我珍惜這樣的幸福。

⑦我的日常有兩隻可愛的貓相伴

我的貓都曾經是在街頭流浪的孩子，想到自己能給牠們一個溫暖的家，就能讓我在低落的時候振作起來。貓咪們只要伸伸懶腰或是舔舔腳掌就可以療癒我，有可愛的牠們相伴也就擁有了溫暖的日常。

⑧我過著想要的生活

書房裡有讀不完的書可以讀，網路上追不完的劇可以追，廚房裡還有幾瓶待開的紅酒，這樣不就很足夠了嗎？

⑨我的家人、我的朋友、我的愛貓，還有我自己都平安健康

還有什麼比這更美好的呢？僅僅只是這一條，就足以抵過所有的不如意。

⑩我沒有出生在戰火蔓延的地方，沒有出生在女權低落的國家

這是我的無上心法，碰到再壞的事，只要想到這一條，頓時就能讓我衷心感謝自己的天生好運。

當我數算我的幸福時，我不再沮喪失落，只覺得充滿感謝。原來我擁有這麼多，原來我是如此受到上天的眷愛！而這種感謝的心情，會讓我感到加倍的幸福。

給自己列一份私人幸福清單，這是讓自己快速離開沮喪失落的方法。這份清單可以隨時增加或修改，而且最好把它存在手機裡，需要的時候就打開來看一看，相信我，這對於提振心情真的十分有效。

沒有十全十美的人生，但每個人一定都有自己專屬的幸福。這些幸福對於別人可能很無感，只對於自己才有意義，但是幸福本來就是一種無須他人認證的自我感覺，自己覺得開懷就好。

我有一個朋友凡事喜歡與人比較，比房子的地段、比丈夫的薪水、比孩子的學業，就連臉書的讚數都要和別人比。可想而知，這個朋友沒有快樂的時候，因為永遠有比較，就永遠有人比她更好。

也曾聽一位朋友傷心地說：「別人好像輕易就能擁有那些我想要的，但為什麼我再怎麼努力就是得不到？」

可是在別人看來，這位朋友也擁有很多別人所沒有的，只是他的注意力都在自己的缺失上面，所以他感覺到的就是匱乏。如果他能看到自己所擁有的，就會知道上天是如何厚愛他了。

我想，幸福是絕對的自我感知，而不是從相對的比較而來。如果常常在意著自己沒有的，如果總是悵然著自己欠缺的，如果一直耿耿於懷自己始終追求不到的，那麼就會忽略了那些與我們長相左右的、屬於自己的幸福。

所以給自己列一份私人幸福清單吧！我們都需要常常提醒自己，其實我們擁有的是那麼多。在心情下降的時候，打開你的幸福清單，快樂的感覺就會往上揚升。

離開是為了把自己還給自己

時間有限，所以做任何決定的時候，都應該任性一點，對自己好一點，讓自己更快樂一點。

近日聽聞有幾位朋友陸續離開職場，都是高薪主管職，而且也都不是因為另有高就，只是單純地想要回歸生活本身，先好好休息再說。這些朋友都還不到退休年齡，但因為單身，沒有家累顧慮，也就沒有太多的猶豫。

其實一個人只要節省一些，日子總是過得下去的，經濟並不是太大的問題，真正難捨的往往是工作帶來的名銜。

畢竟工作連結著一個人的社會位階與人際網路，同時也是日常習慣的累積，一旦離開職場，也就等同於切斷這些連結與慣性，那確實需要捨離的決心與勇氣。然而，當再好聽的頭銜與再豐厚的薪水也抵不過內心的疲憊時，離開就是必然的決定。

就像F，今年九月將滿五十歲的她原本是一間外商公司的臺灣總經理，先前也一直在國際企業擔任要職，常常全世界飛來飛去。別人看她的工作資歷光鮮亮麗，只有她自己知道那其中累積了多少高速運轉之下的倦怠與壓力。

「我對工作愈來愈沒有熱情，當我發現每天早晨要給自己精神喊話才能勉強自己起床去上班時，我就想，我都幾歲了，有必要這樣為難自己嗎？讓我愈來愈不快樂的事，我為什麼還要繼續去做？」她說。

離職後的她目前只想放鬆自己過生活，至於更久遠以後，她說想做能幫助偏鄉孩子的工作。「我只是有這樣的想法，暫時還沒有什麼具體計畫，但那樣的未來讓我即使只是想著都感到快樂，所以那就是我應該去做的事吧。」

我認識的許多年輕朋友，都曾經在三十歲的關卡來到之前，辭去工作遠赴國外打工度假。據不同單位與不同年代的調查結果，這其中的比例皆是女性多於男性，而我身旁這些前往他鄉的朋友確實都是年輕女性，她們為的是經驗也好，金錢也好，未來可供談資的回憶也好，總之，她們都是為了想要得到一些什麼，心懷不安與憧憬，離開已知狀態，展開未知旅程。

把三十再加二十，到了五十歲左右，我所認識的朋友中，離開職場回歸自己的，往往也是有一定閱歷的女性。這個年紀的她們和年輕女性不同的是，做這樣的決定已不再是為了追求自己想要的，反而是清楚知道自己不要的。

不要再陷落在職場的爾虞我詐裡，不要再感到自己像一個被工作過度壓榨的柳橙，不要再過著日復一日一成不變的日子，不要再每天拖著沉重的腳步回家。

到了一定的年紀，就會發現時間過得愈來愈快也愈來愈少，金錢失去了還可能再回來，但時間沒了就是沒了。無論如何，人生已經過去一半，想想自己還能再看到幾次日升日落？還能再看到多少花開花謝？所以能不把握剩下的時光做自己真正想做的事情，過自己真正想過的生活嗎？

至於工作的位階與頭銜，那些其實都虛幻得很，也許它們會帶來某種安全感，但那也是虛幻的安全感。真正的朋友看見的是你的本質而不是你的頭銜，而那些為了你的社會身分與你交遊的人不能算是朋友，趁著離開職場的同時斷了聯絡也好。

人生有時需要做減法的功課，去除了不想再承受的負累，才能感到輕盈的快樂。讓自己快樂是一件很重要的事，那是身心健康的泉源，若是擁有表象的一切卻失去內心的喜悅，身心都會漸漸枯萎，無論如何都是不值得的。

✿

但離開原來的職場，並不表示就從此離開社會；回歸緩慢的生活步調，也不等於棄世絕俗。當然也有人很早就過著隱士般的生活，全然專注於心靈修行，不過那是另一個議題與境界，這裡所說的離開，或許類似人生中場的休息。若是有經濟方面的顧慮，那又是另一個層次的問題，這裡也暫不討論。

總之，在連續工作多年的高壓與高速運轉之後，也有了一定的儲蓄，給自己一段休息時間是一種必要的修復，不再頂著某某頭銜，你回到了自己的本來面目，重新認識自己。

也因為看見了自己有某種新的可能，當自我修復完成，也許你會想要再度進入工作狀態，可是這時你所考慮的條件已不再是位階與薪水，而是那個工作有沒有讓你心動之處？能不能帶給你快樂？是不是有你在尋找的某種意義？就像F想做的是幫助偏鄉孩子的工作，那與個人利益或社會地位完全無關，然而卻可以協助他人成長，其中價值並不是金錢或位階可以衡量。

我的另一個朋友J曾經想當一個攝影師，但當年大學聯考時因為現實考量而選擇了商學院。在從商多年之後，她的公司面臨改組，身為部門主管的她決定接受資遣，一來她真的覺得心累，二來成為一個攝影師的夢想一直存在，而她覺得該是時候去實現這個心願。J並不擔心生計，這些年來她的投資理財已經足夠，每個月衍生的利息可以支付基本生活所需。

「所以現在就是最好的時候，因為我還有體力與熱情，卻已經沒有後顧之憂。」J笑著說，「若是再等個十年或十五年，到了我的法定退休年齡，誰知道那時的我是什麼狀況？行動還能自主嗎？會不會連做夢的力氣都沒了？」她想要去走訪許多地方，拍下陌生人的笑臉，辦一個攝影展，出一本書。為了完成這個計畫，J對未來充滿期待，那種上揚的心情比做什麼雷射換膚都有效，讓她看起來光采照人。

《巫士唐望的世界》裡有這麼一段話：「這條路有包含著一顆心嗎？如果有，那麼就是一條好路。如果沒有，它即是毫無價值的。」

當你對一個工作或是一個狀態已經無心時，或許就是應該改變自己的時候。改變是為了讓自己再度活起來，去發現更大的可能，去開展另一條道路，去成為那個有心有熱情的自己。

真正的老不在年齡，而在自我設限、恐懼改變。一旦為了虛幻的安全感而容許自己漸漸成為一灘死水、一成不變，就是老的開始。

時時刻刻，時間都正在一分一秒地流去，只要意識到這個事實，取捨之間也就昭然若揭。因為時間有限，所以要做自己真心喜愛的事；因為時間有限，所以不要勉強自己繼續在一個失去滋養的狀態裡；因為時間有限，所以做任何決定的時候，都應該任性一點，對自己好一點，讓自己更快樂一點。

輯四

不必擔憂

接受歲月自然的變化

與其依靠人工的方式維持表面的青春，不如好好照顧自己的身心靈。

你是不是也覺得時間過得愈來愈快呢？

不同的年齡對時間的感知不一樣。年紀愈輕，時間過得愈慢；年紀愈大，時間過得愈快。這是真的，並不是感覺而已。因為從相對論來看，一年是一個五歲孩子人生的五分之一，卻是一個五十歲大人的五十分之一。

我小時候總覺得每一天都過得很漫長，所以那時根本無法想像要如何活到五十歲？這個年齡太遙遠了，簡直不可思議，怎麼可能活得那麼老？可是當我真正到了五十歲，雖然常常感到時光飛逝，卻覺得自己離老還遠得很呢。或者應該這麼說，對於自己有一天也會老，我一直沒有這方面的意識。

以前再怎麼吃都不會胖，現在必須進行每日斷食法才能維持輕盈的體態；過去一直都是標準視力，如今看書必須戴上眼鏡……這些都是事實，但是我並不覺得這是老，只覺得這就是歲月自然的變化，而我坦然接受。

因為對老缺乏意識，所以我從不吃任何保健食品，也從沒想過要用動刀動槍的方式維持容貌的年輕。與其因為擔心而每天吞一把藥丸，我寧可去散步吹風曬太陽；與其以手術整出一張平滑無波的臉，我更願意擁有開朗愉悅的心境。

我想說的是，歲月自然的變化不會讓我感覺老。於我而言，對老的恐懼，以及恐懼所帶來的戰戰兢兢，才真的是老的開始。

常常會看見一些女星的臉因為過度整形而表情僵硬，對照她們過去自然的笑顏，特別令人唏噓。但也可以想見，愈是曾經以美貌著稱，想要延續青春的渴望也就愈是強烈，所以不惜冒著風險在臉上動刀。然而那種人工的鑿痕彷彿更深的皺紋，令人沒有看見美，而是看見對老的恐懼。

也許美人特別害怕遲暮，但是年華如流水本來就是歲月經過的事實，如果沒有動刀動槍整形拉皮而任歲月自然變化，其實會有一種安之若素的自然之美。

為了掩蓋老的痕跡而增添了人工的痕跡，不免令人怵目驚心。

我不是反對整形，也沒有立場反對，畢竟每個人要如何對待自己都是個人的選擇和自由，而且適度的整形也能增加自信。我的意思是，過度崇拜年輕，一直要去和時間抗衡，進行各種雷射和拉皮，隨時補充玻尿酸和肉毒桿菌，花上難以計數的時間、金錢和心力，這不是我的選擇。

如果有一天，我開始感覺到老的來臨，我希望那是優雅自然而且從容無懼地老去。

✿

我也曾經對外貌感到焦慮，在我年輕而對自己毫無自信的時候，從不覺得自己美麗，那時明明青春正盛，卻對自己的一切都充滿挑剔。但隨著年齡愈來愈增長，我的自我感覺反而愈來愈美好，因為生命經驗愈來愈豐富，也就愈來愈能面對真實的自己。感謝時間在我身上變了一個好魔術，變出了真正的自信，讓我漸漸感到內在的安定，不再焦慮。

焦慮總是來自於無法接受真實的自己，然而如果不能接受青春遠離的事實，那麼焦慮只會隨著年齡愈來愈長而愈來愈強烈，那樣就太累人了。

不同年齡都有各個階段的美，五十歲不必去追求三十歲的外表，愛自己、悅納自己、呈現自己在這個年齡的智慧與氣質，那就是屬於自己獨特的優勢。

我欣賞坦然接受自己外貌變化的女性，那是一種智慧，是發自內在的光華，那樣的美並不會因為年齡的增加而減少，只會因為歲月的累積而更加光采。過度崇拜年輕，認為美就只有一種標準，而且還拚命要符合那種標準，那就像是M號硬要把自己塞入S號，純粹是自我折磨。

所以與其依靠人工的方式維持表面的青春，不如好好照顧自己的身心靈，從飲食、運動、生活習慣、各種新知的學習著手，讓自己維持在一種正能量運轉的輕快狀態，以發自內心的愉悅去欣然接受一切，活出當下這個階段最好的自己。

若是如此，就算時間過得愈來愈快，對歲月的流逝也不會心慌，更不會被恐懼打敗。

放下別人就是自由的開始

現在最重要的是內心的寧靜，不管外在的風怎麼吹，也不會打亂了內在的秩序。

多年以前，我曾經在陝西的南方鄉村遇見一個二十出頭的年輕姑娘，並且與她交換了微信。

漂亮的女孩看起來很溫柔，但是微信上的代表句卻很直白：「你不喜歡我，那又怎樣？難道你喜歡我，我的人生就會昇華嗎？」

我一看就笑開懷，從此對這句話印象深刻。是啊，別人喜歡或不喜歡自己，自己的人生就會上升或下降嗎？

希望被喜歡是人之常情，也並不是問題，但若是太去意識別人對自己的看法，因此委屈了自己，或是對自我產生了懷疑，這問題就大了。

所謂別人，可能是親近的人，可能是泛泛之交，也可能是根本無關緊要的陌生人；總之只要有別人的存在，我們就會不自覺地用另一雙眼睛觀察自己，隨時糾錯，內在緊繃，不能放鬆。

因為希望別人看見的是自己最好的一面，所以我們總是習慣揣度別人的感覺，下意識地對自己進行調整，有時因此隱藏了真實的自己，甚至自我挑剔、小心翼翼、戒慎恐懼，責備自己不夠好，總覺得哪裡犯了錯，擔心被討厭，隨時隨地注意自己在對方面前的表現。

這個小姑娘年紀輕輕就知道放過自己，別太在意別人。她的那句話裡有一種俏皮的自信，就像拒絕穿上不舒服的衣服，拒絕被評價、被左右，不管別人對自己是怎麼想的怎麼說的，都不會改變了自己原本的價值。

我欣賞這樣的自信，如果我在她這個年紀就有如此的態度，後來的人生或許會輕鬆很多。

✿

年輕的時候總是意識著別人的眼光，那時看自己是透過一層「他者」的濾鏡，往往揣測著別人會怎麼評論自己，因此時時刻刻都要表現出最好的樣子，連到樓下倒個垃圾都要梳妝一番，否則根本出不了門。

那時也總是過度為別人著想，就算受了委屈也隱忍不提，因為怕別人覺得不開心。在感情上尤其如此，永遠是自我反省的一方，再怎麼受傷也要維持表面的和諧，再怎麼心碎也要乖巧懂事，即使分手也要克制情緒，只希望自己離去的身影能成為對方美好的回憶。

但是後來經歷了千迴百轉的人生種種，才知道努力討人喜歡的人，還是會遇人不淑，還是會被辜負，還是會被推下懸崖，還是會被插上一刀，還是會遇到壞人壞事。別人並不會因為你的自我克制、委曲求全而讚美你，只會覺得是你自己的選擇。

也確實是自己的選擇，所以後來就知道該選擇放過自己，要把世界的核心收回到自己身上來，要專注於內在道路，要安靜地向內看，別再期待誰來給我一座玫瑰園，整個開花的星球就在自己心中。

以前和別人談過話之後，總要把對話回想一遍，然後因為話說得不夠清楚周全而困擾不安，擔心被誤會；現在真心相信，只要是誠心誠意說出來的話就不必擔心對方會誤會。

以前總是不好意思拒絕別人，不希望別人覺得自己自私，因此總是答應一些其實並不想做的事；現在衷心覺得，誠實地對待自己也對待他人，才是對彼此都好的事。如果別人會因為我的誠心和誠實而討厭我，那就各自安好吧。然而這樣的狀況，其實從未發生。

自在放鬆地做自己，可以就說可以，不可以就說不可以，帶著微笑表達真實的感受，這就是自己最好的樣子。

別人的心意確實要明白，但不是為了討誰喜歡，而是為了自己要擁有水晶般通透的內心，同理他人的感受，讓彼此都覺得自在。對於善待自己的朋友要更加珍惜，更加用心維護情誼。但是對於那些並非可以信任的對象，最好是江湖兩忘，你走你的陽關道，我過我的獨木橋，從此別再交集。

真的不必討誰的喜歡，而是要做一個讓自己喜歡的人。自己喜歡的人，是內心強大而外在柔軟的人，是隨時隨地都向著光的方向而去的人，是身旁有人沒人都一樣快樂的人，是就算遇到再多的壞人壞事也不會對這個世界失去信心並且絕對保持良善的人。

曾經需要別人的肯定，所以希望別人喜歡自己，現在最重要的是內心的寧靜，不管外在的風怎麼吹，也不會打亂了內在的秩序。想知道自己的心靈是否有隨著年紀而成長，就看自己是否在面對外在的變化時依然可以保持內在的平靜，是否可以隨時從內心汲取更多不假外求的喜悅。

於是終於明白，當不再擔憂別人喜不喜歡自己時，就是自由的開始。而歲月帶來的好處正是懂得放過自己，懂得如何更舒服地和自己相處，縱使青春不再，卻來到了人生最好的時候。

每當聽見那樣的消息

在無常的面前，我們無法不俯首承認自身的有限。

不知道從什麼時候開始，每隔一段時間，就會聽見某個朋友離開這個世界的消息。

就那樣忽然走了，先前毫無預兆，像是一盞瞬間被「啪」地一聲關上的燈，有一個人無聲地轉身。伸手不見五指的黑暗中看不見他離去的身影，那人從此消亡在冥河對岸，天人永隔。

或許不是多麼相熟的朋友，但總是認識的人，曾經在某個場合打過招呼，說過話，也微笑道過再見的人。在彼此人生中的某一段時空裡，我們曾經交會過，曾經有過一些光亮，閃過一些火花。

但對方忽然走了，走到另一個我還不明白的世界。

畢竟只是偶然的交會，所以對於對方的狀況其實並沒有太深的了解，因此每當在聽聞噩耗的當下，也就更加難以置信。世事如此難料，生命如此倉促。在彼此揮手道別的那一刻，誰會想到這竟是此生的最後一面？

離開的朋友往往都還在盛年，所擁有的往往也都令人歆羨，但一場急病說來就來，一樁意外說發生就發生，上天從未應允任何人可以永遠無憂無災，誰也不知道明天的一切將是如何。在無常的面前，我們無法不俯首承認自身的有限。

前些日子，聽聞某個朋友去世，一時之間我驚愕莫名，同時也想起上回見面時，我曾經對她說：「過些時日，我們找時間來喝杯茶吧。」

她也笑著回答：「好啊好啊。」

而上回見面，數算起來，竟已是兩年之前。

兩年來我們並無聯絡，那杯茶也始終沒喝。但那個允諾我放在心裡，一直記得。常常想著要來相約，但每每也總是猜想對方是否正在忙著？猶豫再三之後也就一直未約。

然後就聽說了她的離開。

知道消息的那個下午，我陷入很深很深的感傷。

我們對於未來一無所知，總以為後面還有很長的日子，但其實沒有。意外的訊息如此猝不及防，一切就成了永遠來不及見的一場約，永遠來不及喝的一杯茶。

時間從來不會等待我們，於是在不知不覺之間，我們就再也沒有時間。多麼遺憾啊！我想，從此以後，我再也不會輕易地對任何人說出「有空時一起喝杯茶」這樣的話了。

如果隨口說出的話可能會成為永遠無法履行的承諾，那麼就不要說。

前年春天，我到一個初次謀面的朋友家去拜訪。朋友是個藝術家，獨居在陽明山上，過著遠離塵囂的生活。他一手建造的房子充滿藝術氣息，寧靜清幽，品味優雅，而且十分舒服。還記得那天，他一邊煮茶，一邊和我聊著文學與藝術。屋內有笑語和茶香，屋外有竹林與斜陽。那是個美好的下午，雖然初次見面，我們卻一見如故。

也記得那天傍晚，他坐我的車下山去看電影，下車時還跟我說，希望我以後能常常上山與他喝茶。隨時歡迎妳來，他說。

而我說：「一定，一定，我會再去。」

但從那天之後，我們就未曾再有聯絡，而我怎麼也想不到，一個短暫的夏天過去，到了秋天，竟然就接到他因為心肌梗塞而忽然離世的噩耗。

這位朋友的生活猶如閒雲野鶴，他說一天當中最主要的事可能就是下山看部電影，其他時間則散步、煮茶、讀書、畫畫。但即使是這樣緩慢悠閒地過著日子，還是在瞬間倉促離開了。

而我對他說的最後一句話「我會再去」，也成了另一個永遠無法履行的承諾。當我說「一定」的時候，對於未知其實一無所知。

後來我抱著一束百合去參加了他的告別式，坐在最後一排，安靜地送這位只有一面之緣卻交淺言深的朋友，心裡有著難以言喻的感慨。

雖說人生總是一期一會，但誰能想到，初識竟成永別。

是從什麼時候起，每隔一段時間，就會聽見某個朋友離開這個世界的消息呢？大概就是從我開始感覺到時光匆匆的時候吧。

時間如逝水啊，我幾乎可以聽見它從我身旁滔滔流過的聲音。於是每當聽見那樣的消息，我總是一面為離開的朋友祝禱，但願他從此離苦得樂，一面也再次提醒自己：生有時，死有時，栽種有時，拔出所栽種的也有時。要好好珍惜每一個當下，善待每一段相遇。

能意識死亡的存在，才能好好地活著，因為看見了無常，才會知道此生的有限。離開的朋友們只是先走一步了。那另一個我還不明白的世界，總有一天我也會去的。

「生命來如花開，去如花萎，無常迅速，逝若光影。」時時刻刻，我都把這句話放在心上，這樣的感懷不只是對於他人，同時也是對於自己。

人生如此有限，世事如此難料，對於許多事情、許多關係，都要付出真心卻保持淡定；對於許多是非、許多得失，也要盡其在我卻一笑置之。因為誰也不知道，無常下一個會點名誰？

既然隨時都可能離開，那麼就要學會隨時都可以放下，而這就是有限的人生裡，可以得到的無限自由。

關於生命中的那些失去

任何有形之物，不是遺失就是毀壞，我們只是在生命中的一段時光裡借用了它們。

我的生活裡有個神秘的黑洞，會把許多東西捲進去，從此不知所蹤，例如筆、髮夾、雨傘……

最近被捲入那個神秘黑洞的是我很心愛的一副墨鏡，它有大大的深紫色鏡片，幾乎可以蓋掉我的半張臉。當我戴著它走在街上時，總有一種整個人隱藏在墨鏡之後的錯覺，那讓我有說不出的安心。那是一副很美的墨鏡，邊緣鑲著小巧的水晶蝴蝶，出自名設計師之手，可是它不見了。而就像所有遺失的物品一樣，當我發現找不到它的時候，已經完全想不起來可能是掉在哪裡了。

畢竟是很喜歡的東西，而且曾陪著我走過許多城市與國家，見證了我生命中許多旅途中的時光，但我竟然因為某個根本不記得的疏忽就這樣失去了它。我為我的墨鏡心痛了一個早上，然而到了下午卻已豁然開朗。

就是緣盡了吧。

任何有形之物，不是遺失就是毀壞，總之都會失去，縱使保存良好也有使用期限，我們只是在生命中的一段時光裡借用了它們。

何止有形之物，人生也有期限。每回在博物館裡看見玻璃櫃裡陳列著那些過去王公貴族使用的衣飾器皿，總是特別有感。古往今來，從來沒有任何東西是真正屬於誰的啊，就算是英國女王頭上的那頂皇冠，也有拿下來的時候。

物質有時不只是物質，它可能涵括著精神性的意義，例如皇冠象徵的權力，或是那副墨鏡連結的旅行回憶。但所有的意義都是人的賦予，我們對一件東西感到難捨，往往在於自己所造設的那份情境。歸根結柢，失去什麼其實都是其次，主要的還是我們對那樣東西的認知，而轉換心境可以平撫失去的悲傷。

所以雖然失去了喜愛的墨鏡，但我會想，或許我和它的緣分已盡，因此也就只能放下了吧。

從另一個角度來看，還好遺失的是墨鏡而不是手機或證件。畢竟遺失墨鏡只是可惜，遺失手機或證件卻是讓個人資料暴露於危險境地，這麼一想，就會覺得好慶幸，還好掉的是墨鏡。

我經歷過許許多多的失去。失去過筆、髮夾、雨傘……這些微小的失去；也失去過情感、關係、信仰……這些重大的失去。其實人活著就是不斷地在體驗失去：少年失去童真、中年失去青春，隨著年紀漸長必然失去美貌與健康，而總有一天一定會失去生命，但人活著不也就是在不斷的失去中經驗心靈的成長嗎？接受失去，知道那就是人生必然的經歷；接受失去，其實也就是接受當下的自己。

在波蘭導演奇士勞斯基的電影《Blue》裡，茱麗葉畢諾許所飾演的茱莉在一次車禍中同時失去了丈夫與女兒。因為太過悲痛，她拒絕接受這個殘酷的事實，壓抑自己的情感與情緒，停滯在某種冰凍的狀態裡，無法往前流動，無法與別人產生新的連結與新的感情。

直到她發現丈夫生前另有所愛，而且那個女人還懷了丈夫的孩子，茱莉這才真正面對並接受了自己的失去。結局是茱莉將丈夫留下的金錢與房子全部都給了那個女人和即將出世的孩子，自己一人隻身離開。看似從此她將一無所有，但也代表了新生的開始與全然的自由。

當一個人能接受失去，其實會帶來某種豁然開朗。一切都是會失去的，或者說，從來沒有任何東西是真正屬於你的。我們唯一不能失去的，只有自己。

我也曾經經歷過那種一無所有的感覺，而在那種時刻，我發現自己並不是擔憂、失落、沮喪、恐懼，而是平靜。那像是來到世界的邊緣，先前還以為自己會失足跌落無盡深淵，但其實沒有，反而看見了前所未有的風景，體會了無盡廣大的天空。

因此我從此明白，失去其實並不可怕。人總是要從失去中學習新的可能，知道自己的韌性、自己的柔軟與堅強，然後成就一個和昨天不一樣的自己。

何必為他人的人生負責

沒有人該是另一個人的附屬應用程式，也沒有人該是另一個人的終身義工。

前些時日經過鄰人的屋子，看見屋前掛著房仲公司的出售看板，當下不禁掛心起來。因為那兒住著一位高齡八十好幾的老太太，如今屋子要出售，是發生了什麼事嗎？

那位老太太在這個社區已經住了二十多年，以前還有一個老伴，自從老伴離開之後，她就一個人獨居，印象中並不曾有人來探望。但她的生活並不寂寞，因為她有個美麗的花園，夠她忙的。我常看到她在花園裡蒔花弄草，臉上帶著愉悅的笑容。出售房子等於是離開她心愛的花園，那其中的緣由令人擔憂。

打聽過後，才知道因為老太太的兒子經商失敗，欠了許多錢，所以做母親的賣屋還債。

那麼老太太是搬去和兒子住了嗎？並不是，兒子人在對岸，一直沒有回來，連這次賣掉母親的房子都是隔海遙控。

哎，老太太離開這裡之後要住在哪兒呢？不清楚，只知道搬走那天，她依依不捨地在花園裡徘徊了許久，而最後那些植物她一盆也沒能帶走。因為要去的地方很狹仄，沒有任何空間可以安放她的寶貝花草。

聽說了這樣的事情，心中實在難受。一方面是為老太太感到不忍，風燭殘年還要離開自己的家園，到另一個地方去生活；另一方面則是難以理解，為人子女怎麼忍心拿母親的房子去抵債，讓老人家頓失所依？太殘酷了！

我不知道老太太與她的兒子之間是怎樣的關係，但我因此想起了一些其他的親子關係。想到那些為孩子犧牲奉獻的父母，心中有很深的感慨。

一個人成年之後，就應該為自己的所作所為負起百分之百的責任，父母沒有義務再去為他收拾善後。但華人社會的許多父母總是為了孩子無止盡地付出，像是孩子的終生義工，永遠都願意為了孩子排解一切困難。往往問題沒有真正解決，只是繼續拖累了自己而已。

這樣的依存關係很沉重，尤其是做父母的一年老過一年，還要為狀況連連的孩子勞心勞力，必然是相當操煩；然而無怨無悔地供應一切所需，不僅孩子沒有為自己的生命負責的覺悟，父母最後也可能會處於各方面都枯竭的狀態，而且不知感恩的孩子還認為父母那樣供應自己是理所當然。捨不得孩子吃苦的父母，最後往往是苦了自己。

若往細微處看，當父母對成年的孩子不能放手時，那其中總有某種掌控，而掌控來自於恐懼，除了擔心孩子受苦，也擔心會與孩子失去連結。可是無法放手的結果，只會讓孩子成為無法真正獨立的巨嬰。

著名的心理學家弗洛姆在他的名著《愛的藝術》裡這麼說：「母愛的真正本質是關心孩子的成長，也就是說，希望孩子獨立並最終與自己分離；母親必須容忍分離，而且必須希望和支持孩子的獨立與分離。」換句話說，母愛的表現並不在於掌控，而在於放手。這值得所有捨不得孩子的父母深思。

還有些時候，父母會特別寵愛某個孩子，不僅自己能給的全給了，還要其他手足一起給。重男輕女的家庭常有這樣的狀況，而那對於另一個孩子來說是很深沉的傷害。

我的朋友Q花錢的方式頗為驚人，因為她的經濟並沒有特別好，可是過去每次與她一起逛街，看她買起東西來都是不顧一切，那感覺不像是享受購物，卻像是在洩憤。後來我才知道，原來是因為她有個總是不斷負債的弟弟，而她的母親也總是要她幫弟弟還債。

「反正我的錢都留不下來，還是趁早花掉算了。」她曾經賭氣地這麼說。

可是母親認定弟弟的債務就是做姊姊的責任，逼著她一定要想辦法。Q禁不起母親的逼迫，最後竟然偷偷挪用公款。東窗事發之後，公司將她解雇，她自己也在長期的心理壓力下發現已是癌症末期，很年輕就離開人世。

在為Q哀傷之餘，我也不禁要想，如果她可以及早拒絕母親的情緒勒索，與弟弟的債務畫清界限，不在陰霾下過日子，就可以活出不一樣的人生。

不過當長期陷入那樣的關係模式中，要有改變現狀的勇氣是非常不容易的。畢竟要將從小深植的觀念連根拔除，那幾乎是人生的徹底翻轉。

和Q一樣，我另一個朋友S也是在重男輕女的家庭裡長大，母親也是從她有意識以來就不斷灌輸她要照顧弟弟的觀念，所以弟弟犯錯，媽媽處罰的卻是她。雖然如此不合理，雖然她滿腹委屈，可是小小年紀的她無力推翻「弟弟就是自己的責任」這樣的認知。於是在整個成長過程中，她都把弟弟的重要性放在自己之前，然而那樣的她並不快樂。

後來她讀了許多心靈成長方面的書，開始一點一滴破除了那些被植入的觀念，這才漸漸改變了自己的人生狀態。她發現自己因為想得到母親的肯定，所以一直勉強自己去當那個痛苦的乖女兒。然而就算母親為了弟弟而稱讚她，也只是更累積了她的痛苦而已。

於是她決定把自己的重要性放在任何人之前，而她知道母親根深柢固的想法無法改變，所以只能減少與母親的接觸。那個過程血淚斑斑，可是至少現在的她可以為自己而活，也因為看著母親把弟弟養成了廢人，因此她在自己的孩子很小的時候就訓練他們獨立。她說絕不允許孩子成為啃老族，因為她想要過一個自由愉悅的下半生，所以最好及早就對孩子放心與放手。

沒有人該為他人的人生負責，就算那個他人是自己的手足甚至自己的孩子也一樣，沒有人該是另一個人的附屬應用程式，也沒有人該是另一個人的終身義工。

所以，把生命重心放回自己身上來吧！與其老是為他人擔心這個、設想那個，不如把那樣的能量用來安排過自己想要的生活。

同時也要明白，每個人的人生都必須靠自己去創造，困難也必須靠自己去承擔。畢竟每個人都是獨立的個體，也唯有當一個人可以完全為自己的人生負責時，才能成為真正的自己。

放過自己，世界才美麗

放過自己是知道自己擁有選擇的權力，不需要執意讓自己困在難受的情境裡。

以前常常會在黃昏的時候感到強烈的失落，因為太陽又要下山了，一天又要結束了，自己又將一事無成了。那種恐慌感很壓迫人，隨著天光漸暗，我的心情也漸漸進入無光的所在。

現在卻覺得能平安無事地度過一天就值得感謝，一事無成又如何？還有什麼比平安更好的？可以安心寧靜無所事事度過一整天，這樣的日常就是莫大的幸福。況且黃昏並非一天的結束，而是夜晚的開始，還有許多有趣的事可以做呢。

那個以前真的是久遠以前，那時雖有青春，卻不懂得如何好好和自己相處，總是要和自己過不去。那時也多思多愁，十分害怕青春不再，總覺得過了三十歲就是老了。

如今早已活過三十歲，青春早就不在，卻真心喜歡自己的現在。

因為青春不在，所以也就不再有那些恐慌失落，那些驚惶失措，那些對自己的壓迫，那些自我折磨。時間是一條河，水流把河裡的石頭都磨得平滑光潤，曾經割人的稜角都消失了，當青春不再，也就終於可以放過自己了。

放過自己意謂著不會自我為難，不會自我責備，當外在的發生不如己意的時候，懂得轉念用另一個角度去看去想去接受。這樣的從容與智慧，是歲月帶來的禮物。

如果不能放過自己，那麼歲月累積的就不是和自己相處的智慧，而是對於人生不符期待的悒鬱與沮喪。偏偏人生往往是不符期待的，世事常常是不如己意的。

不順心的事真的太多了！盡了一切努力卻沒有得到回報，種下的是蘋果，長出來的卻是檸檬；或是一片好意換來冷眼，以為心託明月，誰知明月竟照向溝渠！這真的很令人傷心。

接受傷心的自己，但是不能長久陷落在那種情緒裡，因為那樣會開始產生怨尤，不是怨怪自己、自憐自己不如別人，就是怨怪這個世界，痛恨自己被辜負了。前者可能落入憂鬱的邊緣，後者則可能成為一個充滿憤怒、尖酸刻薄的厭世者。

心理影響生理，負面情緒一定不利於健康，從這個角度來看，悒鬱沮喪的感覺不能太久。一直悶悶不樂以至於失去健康，比起蘋果換檸檬或明月照溝渠而言，才是對自己真正的傷害。

至於從吸引力法則來看，怨尤也會召喚怨尤，一直執著在負面情緒的能量裡，讓人抱怨的事也就會愈生愈多。根據醫學研究指出，生氣的人還會愈來愈醜，所以說相由心生，這是真的。負面情緒不只是影響健康，也會影響外表。

因此，懂得放過自己，這是多麼重要的人生必修課！雖然沒有得到蘋果，檸檬也有它的營養與用途。人生不是一定非要怎樣才是好的對的，從不同的角度去看待，就會知道根本沒有真正的是非好壞。

世界未能依照我們的期望進行，這是正常的；接受這個事實，並且對於不如己意的事情看淡與放下，才不會卡在某個失落的環節裡，人生才能繼續前進。

放過自己也意謂著不把自己拿來和任何人比較。畢竟每個人都是獨一無二的，本來就無法比較。

看到的都是表象，對於別人，我們總有更多是看不到也不知道的。就像別人眼中所見的我們，也只是表淺的外相罷了。和別人比較完全是和自己過不去，一來這是虛幻不實的，二來比較總是帶來焦慮的情緒。只要把「和別人比較」這樣的心態從人生裡去除，就會發現自己好過很多。

除此之外，放過自己往往也需要更深入的自我覺察。

例如前些日子，為了一個無禮的人做了一件讓我困擾的事，我不得不去為那個人收拾善後，因此陷入不悅的情緒裡一整天。第二天早上醒來，第一個湧入腦海的意識還是那個人和那件事，所以新的一天就從接續昨日的不愉快開始，那種感覺就像我又把一朵飄走的烏雲再攏回自己的頭上一樣。

我頂著那朵沉重的烏雲，好半天之後才忽然驚覺，一直執著在那種不悅的情緒裡，於對方無損，只是自己繼續在為難自己而已！把事情理性地處理好就是了，何必為了別人的錯誤而賠上自己的心情，甚至還干擾了更該去做的事情，太虧了啊！這麼一想，頓時豁然開朗，烏雲散去。

放過自己是知道自己擁有選擇的權力，不需要執意讓自己困在難受的情境裡，所以放過自己也是一種善待自己的方式，只要一個意念的轉換，就可以把烏雲密布換成晴空萬里。

關於人生的成長，我認為有兩個主要的階段。

第一個階段是從一個孩子成為一個大人，變得成熟懂事，可以承擔責任。這個階段學習的是各種人與人之間的合作，知道如何做人。

第二個階段則是從一個大人再成為真正的自己，知道自己的獨一無二，所以不需要與別人比較；可以與自己和平相處，所以不會再有自我折磨。這個階段學習的則是和自己在一起，知道如何做自己。

因此懂得放過自己是這麼重要的事，能夠轉化並放下那些負面的感受與情緒，明白可以選擇正面思考讓自己過得更好，這是第二個階段必要的成長練習。

這個階段總要經過一些人生的歷練之後才能達到，必須要以漫長的歲月來交換，但也唯有完成這個階段才有真正的自在，所以雖然青春不再，卻是那麼值得。

放輕鬆，不完美無所謂

當一個人不再追求完美，生命才會真正地美了起來。

我有一個朋友，年輕的時候很美，現在不年輕了也還是漂亮，但她有很長一段時間對自己的美很不放心，一條皺紋就能讓她的心情沉入谷底，所以她不斷地投入各種微整形計畫，又是打玻尿酸又是打肉毒桿菌，又是淨膚雷射又是電波拉皮。雖然保養效果確實不錯，但那些都不是一勞永逸，要不斷地投注時間與金錢才能繼續維持下去。

愛美之心人皆有之，微整形也沒什麼不對，可是我的朋友並非有錢有閒的貴婦，那些時間與金錢的付出對她而言其實都有些吃力。她不是樂在其中，而是戒慎恐懼，於是我禁不住勸她，何必這麼勉強自己呢？她愁眉苦臉地回答：

「我就是無法面對不完美的自己。」

我的另一個朋友在工作上一絲不苟，家裡也是一塵不染。到她家做客，置身於一片白色系的家具與擺飾之中，看著那光可鑑人的地板與門窗，瞬間有了教堂的聯想，令人不禁正襟危坐，連呼吸都不自覺地小心翼翼了起來，深怕玷汙了這個屋子裡的聖潔氣息。

朋友工作忙碌，家裡又有兩個學齡的孩子，是如何維持這樣的環境？朋友承認這很不容易，必須時時刻刻注意與整理。還真是這樣，我在她家裡待了不到半個小時，就已看她彎腰撿起地板上的頭髮三次。我對她的明察秋毫驚訝不已，連那麼細的頭髮都逃不過她的銳眼，難怪家裡可以這麼乾淨。她長嘆一聲，幽幽地說：

「誰教我是完美主義者呢！」

嗯，完美，我常常覺得這兩個字既不是名詞也不是形容詞，而是一種魔咒。因為完美永遠在更美的前方，是霧中霧，是花中花，但那個前方總是很難企及，似霧又非霧，似花又非花；正因為對於完美的追求永無止盡，所以也就永遠有著達不到的焦慮。

畢竟一切都是現在進行式，萬事萬物都處於時時刻刻的變化之中，所謂成住壞空，沒有一刻止息的時候；但完美必須是一種靜止的狀態，而且必須一直處於某個顛峰，所以完美其實並不符合自然法則，而且總是有著某種不自然的虛假。就像一朵花開到極致就是凋謝的開始，若要讓這朵花一直保持在她最美的狀態，只有把她用化學方法做成永生花了。

但永生花並不符合自然法則，而且失去了香氣與天然色澤的花，還是真的花嗎？

所以完美的本質就是一種虛幻。被追求完美的魔咒不斷驅趕向前，卻始終都在追求的路上，被鞭策向前的不是熱情，而是焦慮；也因為有所追求，就表示自己並不符合自己所設定的標準，對自己也就充滿各種不滿與挑剔。若無法接受當下這個真實的自己，身心一直都處於緊繃狀態，怎麼會不累呢？

事事要求完美的人總是活得很不輕鬆，因此完美主義的上司會讓下屬疲於奔命，完美主義的父母會讓孩子很難展現自我。那麼，若自己就是個完美主義者，當然就更難放鬆了，畢竟自己是時時刻刻都和自己在一起的。

我曾經和一個完美主義者交往過一段時間，回想起來，那是一段令人沮喪的時光。因為對方不但對自己很嚴格，對他身旁的人也充滿了苛求，而我總是因為達不到他的標準而懷疑自己是不是不夠好？那種感覺抹煞了一切的美好與甜蜜，所以雖然對方的外在條件確實很優秀，我卻無法不逃離，否則都快要不能呼吸，只覺得緊張和窒息。

離開了那段關係之後，我重新回到自己，重新感受不受制於人的雲淡風輕，竟有一種生還的慶幸。但在鬆了一口氣的時候，還是不免為對方難過：一個人的性格與童年經驗有直接的關係，一個被事事要求必須做到最好的孩子，從小就生活在沉重的壓力與各種規定之下，那些壓力與規定一開始是長輩給的，後來就內化為自我某個嚴厲的人格，充滿批評與憤怒，然而那背後潛藏的是很深的恐懼。如果沒有考到第一名，沒有當上模範生，就不是好孩子，就沒有人愛你。

當一個人帶著這樣的恐懼長大，無論表面看起來多麼出類拔萃，內在都依然是個不安的孩子，對外人可以掩藏得很好，親密關係卻很糟，因為他不放過自己，也不放過身旁的人，於是就創造出了嚴苛的完美地獄。別人可以離開那個地獄，他卻無法離開自己。

✿

對自我有所要求是必要的，否則人生很難提升，但做了該做的事，也做了想做的事，這樣就夠了。不是一定非要達到怎樣的標準才行，也無法要求所有的事情都有一百分的結果，那只會累壞自己，也讓周圍的人戰戰兢兢。

在文學或電影裡，帶著某種缺陷的角色往往更迷人，因為感覺更真實、更能觸動人心，反而是那種完美無缺的角色令人打呵欠，畢竟太無趣了。

所以，不完美就不完美吧，不夠好也沒關係啊，至少是真實的自己。

與其追求虛幻的完美，不如知道自己的完整。當一個人不再追求完美，才會有真正的自信。

而且，也才能放鬆。

放下完美的魔咒，不再事事緊繃，別人看你會很不一樣，自己看出去的世界也會與從前不同。

就像我那位愛美的朋友，在把自己逼到極致之後，她終於接受自然法則，也就是接受自己臉上會長皺紋的事實。現在的她還是愛美，但她省下微整形的錢，然後把更多的時間用來散步或運動，以這樣的方式讓自己保持能量飽滿的狀態。過去的那種緊繃感沒有了，卻多了活力，多了舉手投足之間的放鬆、自然與自信。她說更喜歡現在的自己，也終於有了欣賞花開花謝的心情。

不必恐懼年華老去，更無須追求完美，無論在什麼年齡，只要活出當下真正的自己，那就是最美的狀態。當一個人不再追求完美，生命才會真正地美了起來。

你可以選擇不原諒

原諒是為了放下，但是在還不能原諒對方的時候，要先原諒自己的不能原諒，那也是一種放下。

一個朋友離開了痛苦的婚姻之後，心境雖然是自由了，心情卻依然不能平復。那場充滿背叛與傷害的婚姻讓她吃了很多苦，也因為有一些現實上的事情要處理，牽涉到兒女的監護權和不公平的財產分配，讓她很長一段時間都心力交瘁。

於是她尋求宗教的慰藉，卻發現更多了一層矛盾，因為信仰告訴她要寬恕，然而她對前夫依然有很多的憤怒，始終無法釋懷，所以在憤怒之外，她又多了對自我的譴責：為什麼就不能原諒別人呢？自己是這麼器量狹窄的人嗎？都年過半百了，面對過去卻依然不能心平氣和嗎？……因此在消化婚姻帶來的痛苦之外，又增加了自我責備的痛苦。

直到她去做了心理諮商，那位諮商師告訴她：「妳有選擇權，在還不能原諒的時候，妳可以選擇不原諒。」

這才把她從自我糾結的牢籠中釋放出來。

「是啊，在我還不能原諒的時候，為什麼一定要原諒呢？我明明就還不能放下那些情緒，為什麼一定要用一個高標準來要求自己呢？我就是還有那些憤怒怨尤，為什麼不能允許自己情緒流動呢？那些都是我真實的感受，為什麼我要因此而抱歉呢？」

我的朋友從此豁然開朗，而她的療癒之路也才真正開始，過去因為懷著「為什麼自己就是無法原諒別人」的罪惡感，讓她在面對婚變煎熬的同時還要承擔自我責備的懷疑。現在她終於可以放下那種不必要的罪惡感，坦然地告訴自己：誰說一定要原諒？

我明白她的感受，因為類似的經驗我也有過。

當時我還很年輕，對愛情還懷有美好的想像，明明受到惡意的對待，卻催眠般地告訴自己應該寬恕對方，所以不斷為對方找理由。從他的童年經驗到他的人生際遇，想方設法去同理、去包容、去原諒他的行為，壓下自己受傷的感覺，甚至不敢面對自己內在那個憤怒的聲音，結果只是把自己弄得四分五裂。

直到有一天，我終於承認，對，我就是遇人不淑了！這才有了面對真相的勇氣，也才總算去感受內在真正的情緒。我感覺到憤怒的同時，也感覺到內在原本僵固的能量開始流動了起來，可見得過去的我是如何自我壓抑。

當我們終於不害怕自己真實的感受，才是療癒的開始。接受自己情緒的流動，這也是一種愛自己的方式。唯有讓內在的怒火燃燒殆盡之後，才能從過去的灰燼中重生，也就是說，必須先有憤怒這個過程，才能帶來靈魂的重整，而不是一開始就勉強自己去原諒。

看到有人用道德的標準綁架別人，我們會覺得那是一種偽善，卻也有些時候，我們被自己道德綁架，把自己當成了人質而不自知。所以我們溫良恭儉讓，甚至不敢對那些對我們不好的人生氣，結果那些隱藏的憤怒情緒鬱積在我們的內在，攻擊自我免疫系統，甚至形成癌細胞。

我的另一個朋友長期遭受職場霸凌，誰都看得出來她被欺負了，但是為了以和為貴的緣故，在別人為她感到不平的時候，她自己卻總是以原諒一切的姿態為霸凌者的行徑開脫，結果是什麼苦都自己硬吞下去，造成了胃痛、便秘、掉髮、失眠等各種症狀。最近她離職了，因為身體出了更大的問題，已經無法天天上班，必須在家休養。

如果我的朋友先前可以允許自己去感覺真實的憤怒，如果她可以不壓抑自己，不勉強自己去原諒對方，她的身心都會好過很多。不過至少現在的她已經離開了那個環境，相信她會漸漸好起來的。

人生是有選擇權的，可以選擇原諒或不原諒，也可以選擇離開或留下。無論怎麼選擇，都該選擇讓自己好過的那個選項。不需要把自己當成一個受害者，但也不能罔顧自己的受傷。在還沒有痊癒之前，重要的是安頓自己，而不是原諒對方。

不原諒並不是要去和對方周旋或是進行任何報復，而是不允許對方繼續以負能量來影響自己。同樣地，自己也不需要再耗費能量去和對方對抗，那是繼續讓自己陷在同一個漩渦裡，拖著自己往下墜，不值得。

原不原諒其實並不重要，重要的是，別再讓那個人和那件事情來影響自己。所以，當對方不再是朋友，也不必就成了敵人。最適合他的位子，是從此不再往來的陌生人。

美國的心靈作家卡洛琳．密思說：「原諒是一種神秘經驗，而不是智識上的經驗。頭腦無法進行寬恕的行為，只有靈魂才能真正放下。」確實如此！原諒有時需要一段心靈成長的過程，畢竟有些小傷害可以一笑置之，但也有些損傷要真心放下十分困難，也許必須歷經數年或數十年的時間。要給自己這樣的時間而不必設下時間表，果子熟了自然會從樹上掉下來。

如果果子一直沒有掉下來，也不必把它強摘下來，順其自然就好。畢竟自己的經歷與傷痛只有自己才能深刻地明白與體會，能夠誠實地面對那個過程，就彌足珍貴了。

我想說的是，原諒是為了放下，但是在還不能原諒對方的時候，要先原諒自己的不能原諒，那也是一種放下。因此就告訴自己：

「無論他值不值得我原諒，我都值得還給自己一個平靜的人生。」

這樣就好。

你的善良，不是為了容忍他人的不善良

我們絕對有權利表達不喜歡、不願意、不接受、不允許，讓對方知道不可以那樣對待我們。

我有一位閨密，說話總是輕聲細語，從來不曾疾言厲色，若是遇到惡人惡事，她若不是隱忍不言，就是默默走開。但有一天，她在夢裡給了某個一直欺壓她的同事一巴掌，那是她在現實生活裡絕對不會做的事，而她不得不承認那揮出的一掌好療癒，讓她醒來之後神清氣爽。

顯然我的閨密平時太壓抑自己了，受了委屈全都自己吞，可是種種不悅的感覺並沒有消失，只是被強壓了下去，於是那些累積的憤怒化為夢裡的一巴掌，朝著可惡的人揮去。這樣或許能暫時化解潛意識裡的負面能量，但那些惡人惡事畢竟還是在現實生活裡繼續存在，如何面對依然是她的課題。

類似的夢我也做過，在我的夢裡出現的是曾經讓我耿耿於懷的人，夢中的我知道自己正在做夢，因為是夢，所以我可以主控一切，可以放心地痛斥對方，這是個釋放負能量的好機會啊，我決定要趁這個夢好好宣洩。但或許是平日的我太少對人說出重話，在這方面疏於練習，竟然很快就詞窮了，醒來之後反而悵然若失。

於是我深深自我反省了一番，在需要反擊的時刻力道不足，即使在可以肆無忌憚的夢中都太文雅，這其實是一種缺失。

遇到不合理不公平卻不與人爭，有時是不想耗費能量去計較。若真的能夠完全無視也無感他人的惡意，並且不在意自己的權益被剝奪，心情也不會被影響，那就一笑置之好了。

但通常是擔心一旦與對方起衝突，引發的狀況或許會超過自己所能掌控，為了不要惹來無謂的麻煩，還是保持沉默吧。

而更多時候是受制於某種自我形象，因此養成了所有的委屈都往裡吞的習慣，就算內在再波濤洶湧，還是要維持表面的和諧。

如此不作為、不發聲，事後若是可以自我消化，心無芥蒂地完全放下，那也是一種人生境界；但若是一直無法釋懷，就表示此路不通，不能再以「忍耐是一種美德」之類的話術來催眠自己了。畢竟有太多疾病都與心理壓力有關，自我壓抑絕對不是什麼美德。

事實也往往證明，當你對發生在自己身上的不公平都沒意見時，別人就會覺得繼續那樣對待你也沒關係，久而久之在彼此之間會形成一種慣性的能量場。你的放低姿態與別人的恃強凌弱，將漸漸成為理所當然。

但是，做一個善良的人不是為了容忍他人的不善良，當長期遭遇到不合理不公平的對待，若是連為自己挺身而出的勇氣都沒有，還能說什麼愛自己嗎？

不允許他人以惡意對待自己，不讓那種對自己不利的能量場形成。所以該反擊的時候就要反擊，要為自己發聲，要為自己據理力爭，要展現自己的能量，要表明自己的態度與立場，這才是愛自己的表現啊。

歸根結柢，為自己設立界限，釋出明確的訊息，不容許他人任意侵犯，這是一種必須，而且這需要練習。

前些日子我遇到一樁惱人的事，但那並非新的發生，而是舊事重演。我明白是因為過去的我默不作聲，才讓對方覺得可以那樣對待我，所以這回我決定不再容忍與沉默。

當我明確地表示不允許也不接受對方的惡意，並以一種堅定的態度維護自己的尊嚴，對方就有了改變，狀況也就開始有所不同。在這個過程裡並沒有多餘的情緒，我只是陳述事實並表明立場，而這樣就夠了，就足以帶來轉變，於是那件事從此才真的成了過去，而我也才能真的放下。

放下有時不是真的甘願，只是為了息事寧人，那其中或許有著逃避的成分，不想面對麻煩的人，不願處理麻煩的事，所以就告訴自己要放下，不必與對方一般見識。

然而單方面的放下或許只是讓對方以為你同意那樣的對待，事情其實並未真正解決。所以與其勉強自己要放下，不如表達真實的自己，清楚地告知對方，你不允許也不接受。

人生的修行不是為了修出鄉愿，若是一再容忍他人的無理與無禮，往往只是壯大了世間的惡；自我表達不是為了改變他人，而是為了維護自己。

我們從小被教育要以和為貴，為了人際之間的和諧，自己受點委屈就別計較了。於是我們被馴養成了溫和的羊，可是這世界上當然不會只有羊，前行的路上總會遇見熊、遇見蛇、遇見狼，這時若還是以羊的與世無爭來面對，結果只是讓自己受傷而已。

我認識一位溫良恭儉讓了一輩子的女性，在進入暮年之後變得很敢言，對於不能接受的事總是勇於發聲。她說受夠了自我委屈，從今以後都要當一個勇敢快樂的人，表達真實的心聲。或許是因為這樣，她看起來充滿活力，比實際年齡年輕許多。

愛自己，就是為自己設立說「不」的界限，我們絕對有權利表達不喜歡、不願意、不接受、不允許，讓對方知道不可以那樣對待我們。

設立界限不只是為了斷絕他人的惡意入侵，也為了防止偽裝成善意的情緒勒索。練習做一個更有能量的自己，就從如何為自己設立界限開始。

一切終將過去

在經歷了青嫩的春天和飛揚的夏天之後，人生來到了沉潛的秋天，這是靜下心來與自己對話的季節，是把注意力從外在世界轉向內在世界的時候。

和朋友聊起一些發生過的事情，感覺上是好遙遠以前，但仔細一想也不過就是去年秋天。「還不到半年呢，怎麼覺得已經是從前從前的事了？」朋友十分驚訝。

是啊，還不到半年，卻已經歷了一連串的大事，臺灣總統大選、香港反送中、澳洲森林大火、世界大瘟疫……大事一樁連著一樁，像經過的河流，把個人的小事沖刷到記憶的平原之外。

如果是一場電影，這情節安排也未免太緊湊了些，同時不禁讓人好奇，後面還會有什麼劇情？然而把時空拉長，從一個更廣大的角度來看，這個世界本來就處於恆定的變動之中，只是近來的變動特別密集與頻繁而已。

外在總是變化不止的，個人內在的小宇宙在對應外在的大環境時，也總是難免有所波動，而如何讓波動平息下來，不至於影響自己的身心與生活，這需要靜心。

靜心就是讓自己的心安靜下來，讓紛紛擾擾的念頭止息，不憂不懼，不慌不亂。心若是靜的，心情就不容易為了外在的變化而頻頻劇烈地上下起伏，也不會對未來充滿太多悲觀與恐懼的負面想像。

其實不只是外在的大環境，人生的種種考驗也無所不在。有了一些年紀、一些經歷的人，都是一關一關過來的，如果沒有培養一些靜心的能耐，難說會不會在接二連三的考驗襲來時滅頂。

身心是相連的，心理一定影響生理，種種不安、焦慮、悲觀、恐慌、擔憂、悔恨……等等負面情緒都會形成給自己的壓力，降低免疫力，引發各種疾病，造成各種問題。所以無論如何都要先穩定自己的心，別讓自己恓恓惶惶，別讓心情因為外界的動盪而上上下下，日子才會比較好過，身心也才能健康。聖經〈箴言〉早就說了：「喜樂的心，乃是良藥；憂傷的靈，使骨枯乾。」確實如此啊！

讓自己的心安靜下來，這也意謂著把許多外在的事物看淡，並且學會放下。任何事情一旦可以放下，也就是放過了自己，不會繼續在某種執著與自苦的漩渦裡打轉不已。

其實所有的事情都沒有真正的是非好壞，總是自己的感覺與認知決定了對於事件的詮釋。若是可以靜心思索，從另一個角度來看，說不定許多原本耿耿於懷的事就能豁然開朗，從此化為天邊雲煙。

我常常會在靜心的人身上看到一種美，那樣的氣定神閒是由內而外自然散發出來的，舉手投足之間都有一種自在、一種放鬆。當外在有所變動時，他們也會心生波瀾，但別人內在的波動可能是驚濤拍岸，他們的波動則是小石頭丟進池塘，一陣漣漪之後就再度化為平靜。

和這樣的人在一起感覺總是很舒服，因為他們會形成一種美好的氣場，令人樂於親近。那樣的寧靜之美往往要經過一些年歲與閱歷，甚至要經過一些人生風霜，是一種對一切了然之後的寬容。我喜歡這樣的人，也希望成為這樣的人。

在經歷了青嫩的春天和飛揚的夏天之後，人生來到了沉潛的秋天，這是靜下心來與自己對話的季節，是把注意力從外在世界轉向內在世界的時候。

當人生的運轉速度緩慢下來，每個人都會找到一種適合自己的靜心方法，瑜伽、畫畫、手工藝、太極導引……這些都能讓自己的心專注與靜定，只要是一個人獨處的狀態，沒有3C的干擾，沒有必須限時完成的事情，沒有匆匆忙忙地要到哪裡去，都可以靜心，甚至自己唱歌給自己聽，感覺那種超然與忘我，也是很好的靜心。

或是什麼也不做，只是靜靜地與自己在一起，無思無念，這樣就很美，很足夠。

當思緒散亂、心神不寧的時候，隨時隨地都可以進行的深呼吸，是最簡單卻十分有效的靜心方法，可以讓自己安定。在一遍接一遍的深呼吸之中，肩頸會漸漸放鬆，心也會慢慢平靜。

我的靜心是晨間的靜坐和黃昏的散步，而日常的洗碗掃地、洗衣晾衣、餵貓咪吃飯，也是處於靜心狀態，生活中時時刻刻皆是靜心練習。或者可以這麼說，簡單的生活本身，就是一種靜心。

這幾年的疫情或許也是在提醒人們，減少種種不必要的對外社交，回歸簡單的生活，也回歸內在的自己。當整個地球正在做某種調整與清理時，我們也要順應宇宙之流，讓自己緩慢下來，往內心走去，學習和自己安靜地相處。

十七世紀的法國哲學家帕斯卡說：「人類所有的問題，就是不能安靜地待在自己的房間裡。」印證世間種種，像是一個預言，特別發人深省。即使這場疫情過去，也會有下一個事件發生，但只要自己的內在是平靜的，就有應對外在變化的能量，也是為這個世界更增添一份穩定的力量。

外在世界處於恆定變動之中，這是所謂的無常。無常並沒有好壞之分，好的變化是無常，不好的變化也是無常，在無常之中保持覺知，靜觀種種變化，無論後面還有什麼劇情，就當作看電影一樣，這也就是看穿了無常虛幻的本質，知道一切終將過去。

一切終將過去。對我而言，這句話就是一句最好的提醒，可以讓我在對眼前現狀過於認真時放鬆執著。既然一切都是暫時的現象，那麼只要時時刻刻都能活在當下就好，別為過去懊惱，也別預支對於未來的憂慮。

歸根結柢，置身在種種的變化之中，保持一顆平靜的心是無常中的自處之道。平靜的心意謂著擁有自己內在篤定的能量，可以安然度過所有變動，也是讓內外一切安定下來的核心。

國家圖書館出版品預行編目資料

終於來到不必討人喜歡的時候 / 彭樹君著 . -- 初版 . --
臺北市：皇冠文化出版有限公司，2023.03
256 面；21×14.8 公分 . --（皇冠叢書；第 5085 種）(彭樹君作品集；5)
ISBN 978-957-33-4006-5（平裝）

1.CST: 人生哲學

191.9　　112002972

皇冠叢書第 5085 種
彭樹君作品集 5

終於來到不必討人喜歡的時候

作　　者—彭樹君
發 行 人—平　雲
出版發行—皇冠文化出版有限公司
臺北市敦化北路 120 巷 50 號
電話◎ 02-27168888
郵撥帳號◎ 15261516 號
皇冠出版社（香港）有限公司
香港銅鑼灣道 180 號百樂商業中心
19 字樓 1903 室
電話◎ 2529-1778　傳真◎ 2527-0904
總 編 輯—許婷婷
責任編輯—蔡承歡
美術設計—嚴昱琳
著作完成日期— 2023 年 3 月
初版一刷日期— 2023 年 3 月
初版七刷日期— 2024 年 3 月
法律顧問—王惠光律師

讀者服務傳真專線◎ 02-27150507
電腦編號◎ 574005
ISBN ◎ 978-957-33-4006-5
Printed in Taiwan
本書定價◎新臺幣 340 元 / 港幣 113 元